SIMPLISSIME

Korsika

DER PRAKTISCHSTE REISEFÜHRER DER WELT

EINFACH LOS!

BRUCKMANN

WAS IST DAS BESONDERE AN DIESEM REISEFÜHRER?

– Es ist ein Reiseführer für alle Reisenden und alle Arten von Reisen: mit der Familie oder mit Freunden, für jedes Budget, mit dem Auto oder mit öffentlichen Verkehrsmitteln.
– Sie finden sämtliche Informationen, die Sie brauchen, um Ihren Urlaub gut vorzubereiten.
– Es ist ein Buch, das sich auf das Wesentliche einer Reise konzentriert, damit Sie nichts von dem verpassen, was man unbedingt gesehen haben muss.
– Das Buch hat eine Autor, der seine Lieblingsadressen nennt: Restaurants mit lokalen Spezialitäten, Bars und Cafés für entspannte Pausen, die lohnendsten Sehenswürdigkeiten und vieles andere mehr.
Klar strukturierte Karten sorgen für Orientierung.

Dieses Buch besteht aus vier Teilen:

- **Praktische Infos über Korsika:** Klima, Lebenshaltungskosten, Transport, Unterkunft und mehr – alle praktischen Dinge, die Sie zur Vorbereitung Ihres Urlaubs und für eine entspannte Zeit vor Ort benötigen.
- Die **Themen der Insel**: Dieser Abschnitt hilft Ihnen bei der Planung Ihrer Reise. Suchen Sie sich hier Ihre persönlichen Highlights aus.
- **Die Reisetipps:** Wir haben Korsika in vier Regionen aufgeteilt, in denen sich die meisten Unterkünfte (Ferienwohnungen, Hotels usw.) befinden und von denen aus man leicht weiterreisen oder an den Strand gelangen kann. Jeder Reisetipp ist in Tage untergliedert, mit Vorschlägen für Besichtigungen, Aktivitäten, Strände und lohnende Adressen und mit Karten und Stadtplänen versehen.Außerdem schlagen wir Ihnen ein- oder mehrtägige Ausflüge vor, auf denen Sie auch weiter entfernt gelegene Sehenswürdigkeiten erreichen.
- Ein sehr **praktisches Register**, das viele nützliche Informationen und Öffnungszeiten für einzelne Sehenswürdigkeiten auflistet.

Womit anfangen?

Wählen Sie die Region auf Korsika, die Sie besuchen möchten. **Reisetipp 1** (S. 38) umfasst ein großes Gebiet um die Inselhauptstadt Ajaccio. Mit **Reisetipp 2** (S. 66) lernen Sie die Bonifacio und Porto-Vecchio mit ihrem jeweiligen Hinterland kennen. Auf **Reisetipp 3** (S. 84) können Sie den Norden der Insel von Bastia über Cap Corse oder von der Casinca bis Saint-Florent erkunden, und **Reisetipp 4** (S. 114) konzentriert sich auf die Region Calvi und die Balagne.

Vor der Abreise

Buchen Sie Ihren Flug oder Ihre Fährüberfahrt (S. 10) und Ihre Unterkunft (S. 13). Korsika ist in der Hochsaison (Mitte Juli bis Ende August) ein ausgesprochen beliebtes Reiseziel, auf den Hauptverkehrsstraßen bilden sich oft lange Staus.
Die Flüge und Entfernungen sind ab Frankfurt angegeben. Die Überfahrten mit der Fähre dauern je nach Abfahrtshafen recht unterschiedlich.
Wenn Sie Wanderungen (S. 32) planen, sollten Sie an die entsprechende Ausrüstung denken.

Öffnungszeiten

Sind Sehenswürdigkeiten an bestimmten Tagen geschlossen, vermerken wir dies. Weitere Informationen finden Sie im Register oder auf der entsprechenden Internetseite.

Sind Sie bereit? Dann lesen Sie weiter und genießen Sie Ihre Reise!

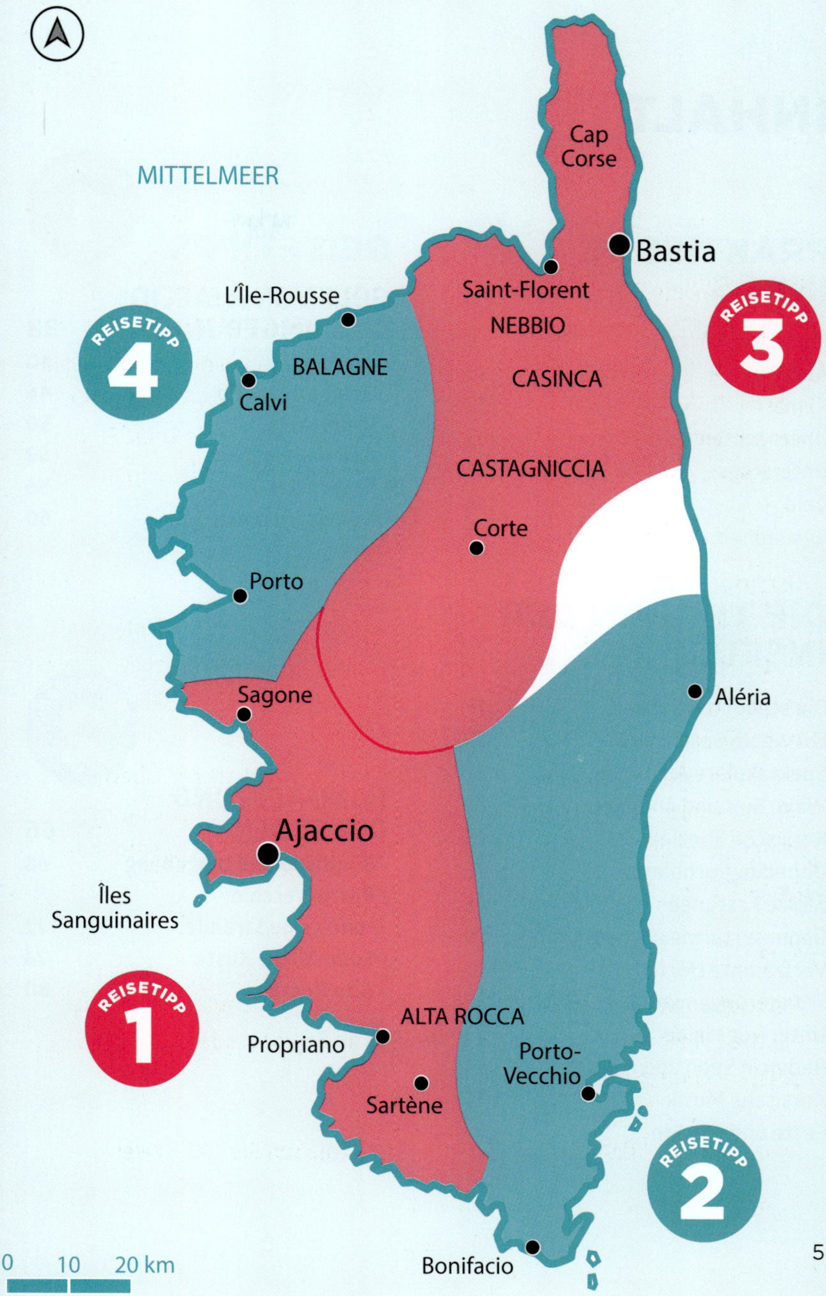
MITTELMEER
Cap Corse
Bastia
Saint-Florent
NEBBIO
CASINCA
CASTAGNICCIA
L'Île-Rousse
BALAGNE
Calvi
Corte
Porto
Aléria
Sagone
Ajaccio
Îles Sanguinaires
ALTA ROCCA
Propriano
Porto-Vecchio
Sartène
Bonifacio
REISETIPP 1
REISETIPP 2
REISETIPP 3
REISETIPP 4
0 10 20 km

INHALT

PRAKTISCHE INFOS

DIE THEMEN DER INSEL

REISETIPPS

REISETIPP 1

REISETIPP 2

REISETIPP 3

REISETIPP 4

100 % KORSIKA!

Es gibt keine besseren Tipps als die eines Einheimischen. Dieses Piktogramm kennzeichnet die Lieblingsadressen unseres Autors **Pierre Pinelli**. Pierre stammt aus dem Dorf Murzo (Murzu) in der Nähe von Vico, im mittleren Westen Korsikas. Er ist Journalist und arbeitet für das Magazin *Télérama.* Seit vielen Jahren ist er mit ungebremster Neugierde auf Wanderungen unterwegs und erkundet neue Ziele. Er freut sich darauf, mit Ihnen das Beste der »Île de Beauté« zu teilen.

KORSIKA IN KÜRZE

Korsika
Hauptstadt: Ajaccio

ca. 1.30 Std.
nach Ajaccio, Bastia oder Calvi ab Frankfurt

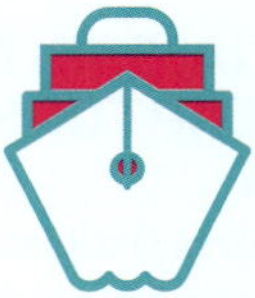

Überfahrt Kontinent-Korsika
5.30– 12 Std.

Französisch

120 Gipfel über 2000 m

340 000 Einwohner

Fläche
8722 km^2, die viertgrößte Mittelmeerinsel

MITTELMEER
Bastia
Saint-
Florent
Bastia-
Poretta
L'Île-Rousse
Calvi
Calvi-
Sainte-Catherine
Porto
Sagone
Aléria
Ajaccio
Ajaccio-
Napoléon-
Bonaparte
Propriano
Porto-
Vecchio
Sartène
Figari-Sud-Corse
Bonifacio
0
10
20 km

ANREISE

FÄHRE ODER FLUGZEUG?

FÄHRE

- **Vorteil:** Man hat ein Fahrzeug vor Ort und benötigt keinen Mietwagen.
- **Nachteil:** Die Anreise zum Fährhafen kann recht weit sein.
- **Nach Ajaccio, Bastia, l'Île-Rousse und Porto-Vecchio:** ab Genua, La Spezia und Livorno. **Nach Propriano:** ab Marseille
- **Dauer:** je nach Abfahrthafen und Fährgesellschaft zwischen **5.30 und 12 Std.** (Nachtfähre bei längeren Fahrtzeiten)

FLUGZEUG

- **Vorteil:** schnell und direkt
- **Nachteil :** Man muss vor Ort ein Auto mieten, auf Korsika nicht billig.
- **4 Flughäfen** werden angeflogen:
  – Ajaccio Napoléon Bonaparte
  – Bastia-Poretta
  – Calvi Sainte-Catherine
  – Figari-Sud Corse
- **Flugdauer:** ca. 1.40 Std. ab Frankfurt zu allen korsischen Flughäfen

FÄHRE

- Sommer durchschnittlich **350 € für Hin- und Rückfahrt** für einen Pkw, **im August auch mehr.**
- In der Nebensaison **fallen die Preise** deutlich (100 €).
- Manche Reedereien bieten interessante **Rabatte** für Frühbucher, auch für den Sommer.
- Von **italienischen Häfen** sind die Überfahrten generell billiger als von Frankreich.

KOSTEN FLUG

- **Große Unterschiede zwischen dem Sommer und dem Rest des Jahres.** Außerhalb der Saison bekommt man Tickets für rund 120 €. Im Sommer sind oft 400 € fällig!
- **Die Durchschnittspreise liegen bei ca. 200 €.** Einige Billigflieger bieten gute Preise, wenn man (sehr) früh bucht, d. h. im Herbst für den folgenden Sommer.

KLIMA

BESTE REISEZEIT

Juni und September sind die besten Monate: angenehme Luft- und Wassertemperaturen, wenige Leute, akzeptable Übernachtungspreise

SONNIGER FRÜHLING

Auf Korsika ist der Frühling früh dran. Eine angenehme Zeit, um die Natur zu genießen. Sehr wenige Besucher.

NASSER HERBST, KALTE WINTER

Schöne Tage im Herbst, aber es regnet oft. Milde Winter an der Küste, Kälte und Schnee in den Bergen.

HOCHSAISON

Von 14. Juli (frz. Nationalfeiertag) bis Ende August steigen die Preise, und es ist schwierig, eine Unterkunft zu finden. Schönes, aber heißes Wetter.

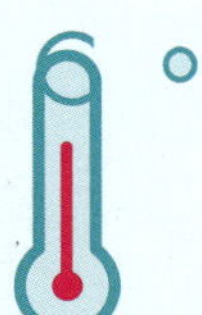

DURCHSCHNITTSTEMPERATUREN

4/14°C im Winter
11/22°C im Frühjahr
17/28°C im Sommer
8/18°C im Herbst

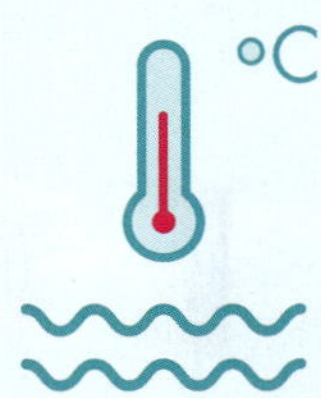

WASSER

im Winter: 13°C
im Frühjahr: 17°C
Sommer: 24°C
im Herbst: 18°C
Baden an allen Küsten von Mai bis Oktober

ÜBERNACHTEN

EINE UNTERKUNFT FINDEN

• **Ein Haus oder eine Ferienwohnung** ist oft die beste Wahl für einen Urlaub auf Korsika.
• Buchen Sie lange im Voraus, am besten schon im **Herbst des Vorjahres**.
• **Im August sind die Preise am höchsten,** es kann schwierig sein, überhaupt eine Unterkunft zu finden.
• Die Gegend um **Porto-Vecchio** ist die teuerste der Insel.

HOTELS UND PENSIONEN

• Es gibt nur wenige große Hotels, die meisten Hotels sind **familiengeführt**.
• Auf der Insel gibt es viele hübsche **Pensionen**, vor allem **in den Dörfern im Landesinneren.** Sie bieten sich vor allem als Ausgangspunkt für mehrtägige Ausflüge und Wanderungen an.
• Sommer beginnen die Preise für ein **Doppelzimmer im Hotel** bei etwa **100 €**.

KÜSTE ODER HINTERLAND?

Unterkünfte am Meer haben ihren besonderen Reiz. Seien Sie sich aber darüber im Klaren, dass die Preise dort höher liegen und die Unterkünfte oft wenig authentisch sind. In einem Dorf, das etwas weiter von der Küste entfernt liegt, lernen Sie das **besondere Leben** der Korsen und Korsinnen besser kennen und können **zwischen Meer und Bergen pendeln.** Beachten Sie dabei die Hauptreisezeit Sommer.

UNTERWEGS

MIETWAGEN

- Die **Vielfalt Korsikas** lernt man am besten mit einem Mietwagen kennen.
- Fahrzeuge können **an allen Flughäfen** der Insel und **in größeren Städten** gemietet werden.
- Denken Sie daran, den **Zustand des Fahrzeugs zu überprüfen**, bevor Sie es übernehmen.
- Sommer sind die Preise hoch: Rechnen Sie mit mindestens **300 € pro Woche**.

STRASSEN

- Abgesehen von den Hauptverbindungen sind die Straßen auf Korsika meist **eng und kurvenreich**.
- In den Bergen, am Cap Corse oder am Golf von Porto ist **Fahrpraxis** gefragt. Die **Straßen an der Ostküste** sind besser ausgebaut.
- **Porto-Vecchio, Bastia** und die **Bucht von Ajaccio** sind im Sommer besonders **staugefährdet**.
- Auf Korsika ist eher die **Fahrzeit** entscheidend, weniger die Entfernung.

MIT BUS UND ZUG

- Auf Korsika existieren **zwei Hauptzugverbindungen**. Sie verbinden Bastia mit Ajaccio (über Corte) und Bastia mit Calvi. Feuen Sie sich auf **spektakuläre Ausblicke**!
- Mit dem **Bus** erreichen Sie Gegenden, die nicht von der Bahn bedient werden, sowie die Dörfer im Landesinneren. Aber das Busnetz ist **nicht gut ausgebaut**.

AUTOFAHREN AUF KORSIKA

- Es gelten **dieselben Verkehrsregeln** wie auf dem **französischen Festland**.
- **Lassen Sie sich Zeit**: Korsikas Straßen sind nicht einfach zu befahren, und man kann eine Menge sehen.
- In den Bergen überqueren oft **Tiere** die Straße: **Fahren Sie langsam**!
- Die **Einheimischen** sind an kurvige Straßen gewöhnt und pflegen vielfach **einen »sportlichen« Fahrstil**.

PARKEN

- In **Ajaccio** und **Bastia** können Sie Ihr Auto auf einem der öffentlichen Parkplätze abstellen (Parkgebühr).
- In **Calvi** gibt es einen kostenlosen Parkplatz auf der Ostseite der Bucht in einem Pinienwald.
- In **Bonifacio** ist das Parken besonders teuer. Etwas außerhalb liegen große Parkplätze mit kostenlosem Shuttleservice in die Stadt.
- An manchen Stränden gibt es gebührenpflichtige Parkplätze (Kleingeld!), an anderen kommen Sie am besten ganz früh oder erst am Ende des Tages.

TANKEN

- An der Küste ist Benzin überall erhältlich (aber nicht an Supermärkten).
- Im Landesinneren sind Tankstellen rar. Planen Sie im Voraus!
- Benzin und Diesel sind generell etwas teurer als auf dem französischen Festland.

GELD

BARGELDLOS ZAHLEN

- Karten werden in ländlichen Gegenden nicht immer akzeptiert.
- Keine Geldautomaten in kleinen Orten. Nehmen Sie ausreichend Bargeld mit!

AUSGABEN

- Höheres Preisniveau als in Mitteleuropa.
- Unterkünfte und Hotels sind teuer, in der Hochsaison sogar sehr teuer.
- In Restaurants zahlt man an der Küste in der Regel mehr als im Landesinneren.
- Traditionelle Gerichte kaum unter 20 €.

KOSTENPFLICHTIGE STRÄNDE

- An manchen Stränden werden Sonnenschirme und -liegen vermietet. Die meisten Strände sind aber frei zugänglich.
- In der Saison werden an abgelegenen oder stark frequentierten Stränden Parkgebühren erhoben (nutzen Sie Busverbindungen).

GESUNDHEIT UND SICHERHEIT

VORSICHT VOR DER SONNE

- Schützen Sie sich vor der Hitze (im Sommer oft Hitzewellen), sonst droht ein Sonnenstich.
- Gehen Sie nicht in der Mittagszeit wandern, vor allem nicht in Küstennähe.
- Nehmen Sie immer ausreichend Wasser mit, sowohl am Strand als auch beim Wandern.

VORSICHT IM WASSER

- Gefährliche Strände im Westen der Insel, insbesondere bei Sagone oder an der Westküste des Cap Corse, werden überwacht, allerdings nur im Sommer.
- Manchmal trifft man auf Quallen und Seeigel (Felsen).
- Wichtig: Schwimmen Sie bei Gewitter nicht in Flüssen oder Bächen.

SICHERHEIT IN DEN BERGEN

- Wer in den korsischen Bergen wandern will, braucht unbedingt gute Ausrüstung.
- Halten Sie das Wetter im Auge.
- Oft herrscht akute Brandgefahr: Beachten Sie die Vorschriften. Manche Gegenden werden bei Gefahr gesperrt.

DIE SCHÖNSTEN STRÄNDE

Plage de Palombaggia
Pinien und weißer Sand: die Legende des Südens!

Plage de Santa-Giulia
Türkisfarbenes Wasser in einer Traumlagune

Plage de Rondinara
Berühmt für seine Halbmondform

Plage de Roccapina
Naturschutzgebiet mit klarem Wasser

Plage de Cupabia
Wenig bekannte Bucht von rauer Schönheit

Mare e Sole
Ein Wunderwerk der Natur

Plage de Ghjunchitu
Azurblaues Meer in unberührter Umgebung

Plage de l'Ostriconi
Wild und erhaben. Aber Vorsicht vor den Wellen!

Plage de Saleccia
Die Perle der Agriates, perfekter weißer Sand

MITTELMEER
Cap Corse
Saleccia
S. 100
Ostriconi
S. 130
Bastia
Saint-Florent
L'Île-Rousse
Ghjunchitu
S. 126
Calvi
Corte
Porto
Aléria
Sagone
Ajaccio
Îles Sanguinaires
Mare e Sole
S. 48
Cupabia
S. 62
Propriano
Porto-Vecchio
Sartène
Palombaggia
S. 74
Santa-Giulia
S. 74
Roccapina
S. 64
Rondinara
S. 74
Bonifacio
0
10
20 km

EIN WENIG GESCHICHTE

9.–2. Jt. v. Chr.
Vorgeschichte

Die Insel wird im 9. Jt. v. Chr. besiedelt, Ende des 3. Jts. enstehen Olmen und Menhire, heute zu bewundern in Filitosa *(S. 58)* und Cauria *(S. 64)*.

565 v.–455 n. Chr.
Antike

Die Griechen gründen Aleria, das später in römische Hände fällt. An der Ostküste wird Ackerbau betrieben; die Wälder liefern wertvolles Holz.

7.–10. Jh.
Überfälle der Mauren

Die Mauren plündern küstennahe Siedlungen. Nach und nach errichten lokale und italienische Herren Lehnsgüter zum Schutz der Bevölkerung.

1091–1284
Die Pisaner

Papst Urban II. übergibt die Verwaltung der Insel den aufstrebenden Pisanern. Sie errichten prächtige Kirchen wie in Murato *(S. 98)*.

1284–1735
Genuesische Herrschaft

Die Genueser erobern Bonifacio (1187) und Calvi (1268). Nach der Schlacht von Meloria herrscht Genua über die gesamte Insel. Zahlreiche Zitadellen und Türme (Bastia, Corte) werden errichtet. Es kommt zu lokalen Revolten, angefangen mit jener von Sampiero Corso, der sich mit Frankreich verbündet.

1755–1769
Das unabhängige Korsika

Die Revolten gegen Genua nehmen zu. **Pascal Paoli** ruft die Republik Korsika aus. Genua, das die Kontrolle zu verlieren droht, bittet Frankreich um Beistand. Die Niederlage der korsischen Truppen bei Ponte Novo (1769) besiegelt das Ende der Republik und die Anbindung an Frankreich.

1769–1814
Napoleon

Napoleon Bonaparte wird 1769 in Ajaccio geboren. Er schiebt viele Entwicklungen an und schlägt zugleich Aufstände nieder.

19. Jh.
Zweites Kaiserreich

Das bonapartistische Kaiserreich findet auf Korsika großen Anklang. Schriftsteller wie Prosper Mérimée zeichnen ein gewalttätiges Bild der Korsen.

1942–1943
Besatzungszeit

Korsika wird erst von Italien und kurz darauf von Nazideutschland besetzt. Die Forces françaises libres befreien die Insel 1943.

Korsika heute

Die korsische Unabhängigkeitsbewegung hat der Gewalt abgeschworen. Sie ist seit 2015 stärkste Kraft im Regionalparlament.

SPEKTAKULÄRE AUSBLICKE

Les Calanques von der Straße nach Piana aus
Goldene Felsen vor dem tiefblauen Meer des Golf von Porto. Besonders spektakulär bei Sonnenuntergang!
(S. 136)

Das Cap Corse vom Turm von Nonza aus
Der Blick über die Westküste des Cap Corse und den Norden der Insel ist atemberaubend. Ein unvergessliches Erlebnis!
(S. 94)

Les Sanguinaires von der Pointe de la Parata aus
Am Ende des Tages bietet sich ein Blick wie auf das Ende der Welt. Klassifiziert als »Grand Site de France«.
(S. 46)

Blick auf die Aiguilles de Bavella
Vom Col de Bavella aus bietet sich ein fast unheimlicher Blick auf die Felsnadeln mit Zonza im Vordergrund. Hier wachsen auch die majestätischen Laricio-Kiefern.
(S. 80)

Blick über Penta-di-Casinca zum Meer
Von den Dörfern der Casinca öffnet sich oft der Blick zum Meer. Von Vescovato kommend, bietet das Dorf Penta-di-Casinca eine besonders malerische Kulisse.
(S. 102)

Der Löwe an der Plage de Roccapina
Von der Straße nach Bonifacio aus hat man einen atemberaubenden Blick auf die Plage de Roccapina und den berühmten Felsen in Form eines Löwen.
(S. 64)

WEIN, BIER UND ANDERE GETRÄNKE

AOC Patrimonio

Die 1968 gegründete Appellation d'Origine Contrôlée zwischen Patrimonio und Agriates ist Korsikas bekannteste Lage. Feine Weiß- und elegante Rotweine.

Andere AOCs

Die AOCs von Ajaccio, Calvi, Sartène, Porto-Vecchio, Figari und Patrimonio sind ebenso vielfältig wie attraktiv. Bei der Mehrzahl der hier geernteten Trauben handelt es sich um lokale Sorten. Der Muscat du Cap Corse ist ein Dessertwein mit natürlicher Süße: ein berauschendes Elixier, das ideal zu Schokolade passt!

Korsische Biere

La Pietra, das Bier aus Furiani, wird auf der ganzen Insel getrunken. Ribella und Corsina sind handwerklich gebraute Biere, die man probieren sollte.

Aperitifs und Liköre

Der Aperitif Cap Mattei enthält Muskateller und Chinarinde. Früchte wie Myrte und Kastanie werden zu Likören verarbeitet. Es gibt sogar korsischen Whisky!

Traditionsreiches Wasser

Auf Korsika existieren unzählige Quellen. Aus einigen werden bekannte Mineralwässer hergestellt, wie das erfrischende Orezza oder Zilia.

KORSISCHE SPEZIALITÄTEN

Kastanien

Kastanienmehl wird auf verschiedene Weise verwendet: für Marmelade, Kuchen, *pulenda* (Polenta), Bier usw. Hauptanbaugebiet ist die Castagniccia.

Zitrusfrüchte

Auch korsische Clementinen sind durch eine AOC zertifiziert. Zitronen sind bekannt für ihre aromatische Schale, die kandiert verzehrt wird.

Olivenöl

Oliven wurden schon in der Antike kultiviert. *Oliu di Corsica* ist eine AOP. Die bekanntesten kommen aus der Balagne *(Foto)* oder Sainte-Lucie-de-Tallano.

Korsischer Käse

Brocciu wird von November bis Juni aus Schafs- oder Ziegenmilch hergestellt. Viele weitere Schafs- oder Ziegenkäsesorten sind erhältlich.

Korsische Wurst

Coppa (Nacken), *prisuttu* (Schinken) und *lonzu* (Filet) kommen vom Schwein. *Ficatellu* (Leberwurst) wird gebraten oder getrocknet gegessen.

Korsischer Honig

Die korsischen Bienen sammeln den Nektar der Blüten der Macchia (Myrte, Erdbeerbaum, Strohblume), aber auch die der Kastanienbäume und Zitrusgewächse.

UNBEDINGT PROBIEREN

Korsische Suppen
Jede Familie hat ihr eigenes Rezept!

Bastelle
Teigtaschen mit *brocciu* und/oder Mangold

Omelette au brocciu
Leicht und luftig, mit Minzblättern gewürzt

Migliacci
Pfannkuchen gefüllt mit Schafs- oder Ziegenkäse

Spaghetti à la langouste
Ein Muss an der Küste

Aubergines à la bonifacienne
In Olivenöl gebraten

Canelloni au brocciu
Nudeln mit Tomaten, gefüllt mit *brocciu*

Veau aux olives
Zubereitet mit köstlichem korsischen Kalbfleisch

Tripette à la bastiaise
Mit Weißwein und Kräutern der Macchia

Civet de sanglier
Mit Myrte gewürztes Wildgericht

Canistrelli
Trockene, knusprige Mandelkekse

Fiadone
Gebäck mit *brocciu*, ähnlich wie Käsekuchen

STOLZE FESTUNGEN

Citadelle de Bonifacio
Vom Meer aus noch schöner!

Citadelle de Calvi
1453 von den Genuesen erbaut. Uneinnehmbar.

Citadelle de Bastia
Ein besonderer, ruhiger Teil der Stadt

Citadelle de Corte
Das Herz Korsikas, in die Berge eingebettet

Citadelle d'Ajaccio
Zu ihren Füßen liegt der Strand

Citadelle d'Algajola
Zwischen Calvi und L'Île-Rousse, klein aber fein

GENUESERTÜRME UND -BRÜCKEN

GENUESERTÜRME, KORSIKAS WAHRZEICHEN

Infolge der Überfälle der Mauren *(S. 20)* suchten die Küstenbewohner in den in dichter Macchia verborgenen Bergdörfern Zuflucht. Zur Sicherung der Küste errichteten die Genueser *(S. 20)* ein Netz aus Wachtürmen. 85 von ihnen stehen noch heute. Der schönste? Die Türme von Campomoro *(S. 62)*, Parata *(S. 46)*, Capo di Muro *(S. 48)* und natürlich die zahlreichen Türme am Cap Corse *(S. 92)*.

EINDRUCKSVOLLE GENUESERBRÜCKEN

Um die Wege auf der gebirgigen und zersplitterten Insel abzukürzen, legten die Genueser eine Reihe von Straßen und Pfaden mit prächtigen Steinbrücken an, die Schluchten und Flüsse überspannten. Viele dieser Brücken sind heute noch zu sehen, wie in Asco *(S. 108)*, im Fango-Tal *(S. 124)* oder der Spelunca-Schlucht *(S. 136)*.

VERTRÄUMTE DÖRFER

Centuri
Charmanter Hafen im Norden des Cap Corse

Nonza
Beherrscht von seiner beeindruckenden Kirche

Lama
Abgelegener Ort südlich von Ostriconi

Pigna
Künstlerdorf in der Balagne

Sant'Antonino
Mittelalterlicher Ort hoch oben in den Bergen

Sainte-Lucie-de-Tallano
Typisch für die Alta Rocca

Cargèse
Seine beiden Kirchen blicken aufs Meer.

Erbalunga
Hafenort, der früher als Piratennest berühmt war

Vescovato
Stolz und authentisch, typisch für die Casinca

MITTELMEER
Centuri
S. 94
Cap
Corse
Nonza
S. 94
Erbalunga
S. 92
Bastia
Saint-Florent
L'Île-Rousse
S. 128
Pigna
Sant'
Antonino
S. 128
Lama
S. 130
Vescovato
S. 102
Calvi
Corte
Porto
Aléria
Sagone
Cargèse
S. 54
Ajaccio
Îles
Sanguinaires
Sainte-Lucie-
de-Tallano
S. 82
Propriano
Porto-
Vecchio
Sartène
Bonifacio
0
10
20 km

WANDERUNGEN UND SPAZIERGÄNGE

SO GEHT'S

Korsika ist ein Dorado für Wanderer. Ob an der Küste oder auf dem berühmten GR®20, es ist für jeden etwas dabei. Im Gebirge ist äußerste Vorsicht geboten: Starten Sie immer mit voller Ausrüstung und achten Sie auf die Wettervorhersage.

ES LEBE DAS WANDERN!

- Die **petites randonnées (PR®)** durchziehen die Insel in alle Richtungen. Sie verbinden die Dörfer quer durch Macchia, Wälder und Weinberge und folgen dem Verlauf alter Saumpfade. Im Großen und Ganzen sind sie auch für Familien geeignet und gut beschildert (gelbe Markierung).
- Der **Sentier des douaniers** (Zöllnerweg) an der Nordküste des Cap Corse verbindet Macinaggio und Les Agriates sowie Saint-Florent und Ostriconi. Diese beiden Abschnitte sind problemlos begehbar, aber es gibt kaum Schatten, und die Sonne scheint Sommer unerbärmlich. Nehmen Sie genügend Wasser mit!

MYTHOS GR®20

Der GR®20 ist Korsikas Wanderweg schlechthin. Er ist äußerst anspruchsvoll und **nur für erfahrene Wanderer geeignet.** Der GR®20 durchquert die Insel in 16 Etappen von Norden nach Süden, von Calenzana nach Conca. Es werden auch Touren mit Bergführer angeboten.

WEITERE FERNWANDERWEGE

- **GR® Mare a Mare:** 3 große West-Ost-Durchquerungen. Der nördliche Weg verbindet Moriani mit Cargèse, der mittlere Ghisonaccia mit Porticcio und der südliche Porto-Vecchio mit Propriano.
- **GR® Mare e Monti Nord:** Wanderweg zwischen Calenzana und Cargèse.

UNTERWEGS IN DER NATUR

TAUCHEN UND SCHNORCHELN

Das Meer um Korsika ist bekannt für seine reiche Tierwelt. Bei einem Tauchgang auf den Îles Lavezzi *(S. 70)* kann man auf Zackenbarsche treffen.

REITEN

Es gibt eine Reihe von Reitzentren, die Ausritte an der Küste oder im Hinterland organisieren. In Sagone bietet eine Ranch Ausritte am Strand an *(S. 52)*.

CANYONING

Korsikas unzählige Flüsse, Bäche und Wasserfälle eignen sich hervorragend zum Canyoning. Besonders bekannt: Purcaraccia, am Col de Bavella *(S. 80)*.

BADEN IN SEEN UND FLÜSSEN

SO GEHT'S

Im Hinterland gibt es zahlreiche Süßwasser-Badestellen. Smaragdgrüne Pools und kristallklare Flüsse sind eine ausgezeichnete Möglichkeit, um sich abzukühlen. Achtung bei Starkregen, dann kann der Wasserstand in Minutenschnelle gefährlich steigen. Erkundigen Sie sich vorher!

Gorges de la Restonica
Von Gumpe zu Gumpe durch den Pinienwald

Pont d'Asco
Genueserbrücke und tiefgrüne Teiche

Purcaraccia
Natürliche Pools und Rutschen

Forêt d'Aïtone
Ein ebenso wilder wie spektakulärer Badeplatz

Vallée du Fango
Baden unter einer herrlichen Genueserbrücke

MITTELMEER
Cap Corse
Bastia
Saint-Florent
L'Île-Rousse
Calvi
Pont d'Asco
S. 108
Vallée du Fango
S. 124
Forêt d'Aïtone
S. 113
Corte
Porto
Gorges de la Restonica
S. 111
Aléria
Sagone
Ajaccio
Îles Sanguinaires
Purcaraccia
S. 80
Propriano
Porto-Vecchio
Sartène
Bonifacio
0 10 20 km

KORSISCHE MUSIK

POLYPHONER GESANG

Le Cantu in paghjella ist die am weitesten verbreitete Form des traditionellen mehrstimmigen Gesangs bei Festen, Hochzeiten und Familientreffen. Gitarre und Cetera (16-saitig) begleiten die Lieder manchmal.

KORSISCHE MUSIK

Viele korsische Musikgruppen, traditionelle wie moderne, sind auch in Kontinentalfrankreich und darüber hinaus bekannt, wie z. B. I Muvrini. In vielen Dörfern werden Sommerfestivals veranstaltet.

JAZZ IN AIACCIU

Ajaccio

Ende Juni Ajaccio
Open-Air-Festival zur Eröffnung der Sommersaison in Ajaccio an einem wenig bekannten Ort, dem Lazaret Ollandini.
www.jazzinaiacciu.com

CALVI ON THE ROCKS

Calvi

Anfang Juli in Calvi
Eine Woche Sommer ganz im Zeichen des Electro. Halb Korsika tanzt barfuß am Strand. Sehr beliebt, denken Sie daran zu reservieren.
www.calviontherocks.com

LES NUITS DE LA GUITARE

Patrimonio

Mitte Juli
Die größten Gitarristen der Welt geben sich im Théâtre de verdure in Patrimonio ein Stelldichein. Zigeunerjazz, Rock, Flamenco, Blues usw.
www.festival-guitare-patrimonio.com

FESTE UND MÄRKTE

LE CATENACCIU
Sartène

Karfreitag
U Catenacciu ist die berühmteste aller Karfreitagsprozessionen. Die Menge folgt einem vermummten Büßer, der eine Kette hinter sich herzieht, durch das hübsche Städtchen Sartène.

OLIVENÖL-FESTIVAL
Sainte-Lucie-de-Tallano

Ende März–Anf. April
Korsikas Olivenhauptstadt feiert die Ankunft des Frühlings mit der Präsentation der neuen Olivenöle. Auf dem Fest A Festa di l'Oliu novu kann man sie ausgiebig verkosten und mit den Erzeugern plaudern.

KORSISCHE WEINMESSE
Luri

2. Juliwochenende
Im kleinen Luri am Cap Corse findet alljährlich die Fiera di u Vinu statt, Korsikas größte Weinmesse. Die Qualität der Weine wird immer besser, und es gibt viel Neues zu entdecken.

HONIGFESTIVAL
Murzo

Letzter Sonntag im September
In Murzo unweit von Vico findet U Mele in festa statt, die einzige korsische Messe, die dem Honig gewidmet ist. Hier treffen alle Düfte der Macchia aufeinander.

GOLF VON AJACCIO UND UMGEBUNG

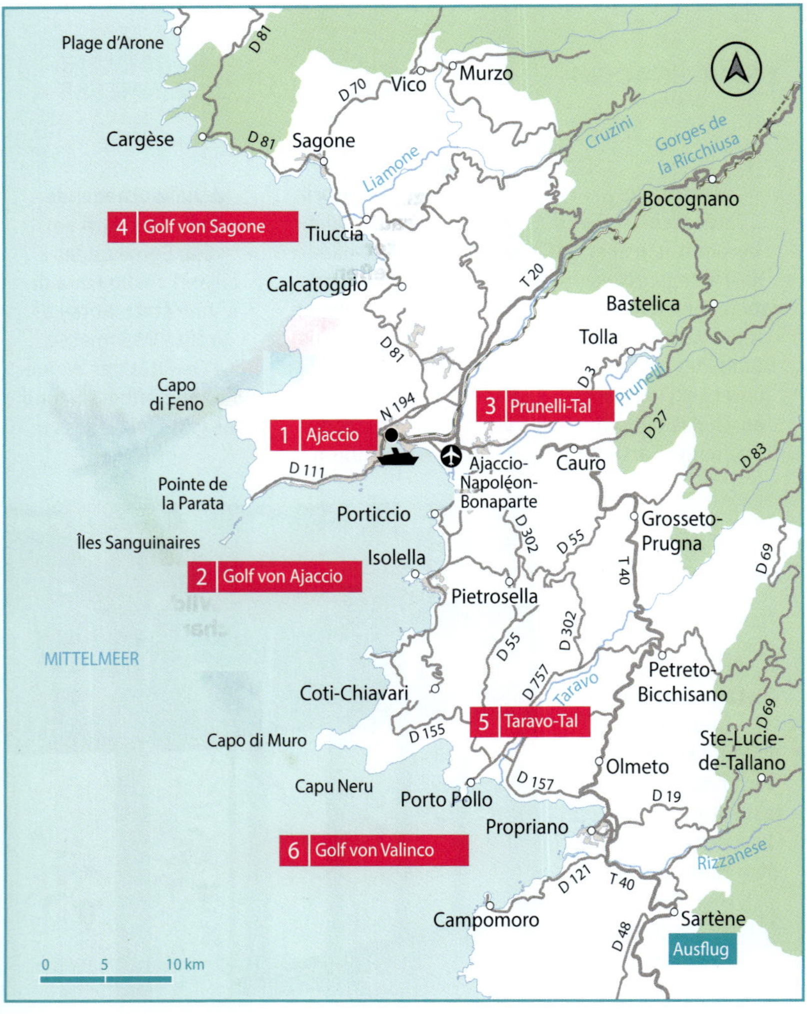

REISETIPP

1

Die Kaiserstadt Ajaccio, in der Napoleon Bonaparte geboren wurde, sollte man sich nicht entgehen lassen, auch wenn die nahen Strände locken. Im Norden liegt der Golf von Sagone mit seinen malerischen Dörfern, im Süden das Tal des Taravo mit faszinierenden prähistorischen Funden. An den Traumstränden des Golfs von Valinco noch weiter südlich kann man entspannte Tage genießen.

1 | Ajaccio

Inselhauptstadt und Geburtsort Napoleons

2 | Golf von Ajaccio

Die vorgelagerten Îles Sanguinaires

3 | Prunelli-Tal

Die Hausberge von Ajaccio

4 | Golf von Sagone

Wilde Küste und charmante Dörfer

5 | Taravo-Tal

Ein Tal voller Mysterien

6 | Golf von Valinco

Traumstrände unter Naturschutz

Ausflug

Sartenais

AJACCIO

DIE KAISERSTADT

- **Parken Sie auf einem öffentlichen Parkplatz. Sehr viel Verkehr.**
- **www.ajaccio-tourisme.com**
- **Exkursion zu den Îles Sanguinaires: www.promenades-en-mer.org**

EIN WENIG GESCHICHTE

In Ajaccio erblickte **Napoleon Bonaparte** das Licht der Welt. Der farbenfrohe alte Fischereihafen, die genuesische Zitadelle, die lebhaften Straßen und die Strandpromenade ziehen viele Besucher an.

A CITADELLE

Bd Casanova | nicht zu besichtigen

Die Zitadelle schützt die Stadt und ihren Hafen seit dem 16. Jh. Das Gebäude gehörte lange der Armee, jetzt ist es im Besitz der Gemeinde, die über eine Umnutzung nachdenkt.

B VIEUX-PORT TINO-ROSSI

Quai Napoléon

Am alten **Fischereihafen** lässt man sich gern zu einem gemütlichen Drink nieder. Hier legen auch die **Boote zu den Îles Sanguinaires** ab.

C MAISON BONAPARTE

Rue St-Charles | Eintritt

Das Gebäude ist seit 1682 im Besitz der Familie Bonaparte. **Napoleon wurde 1769 hier geboren.** Zu sehen sind elegante Salons, Originalmobiliar und Souvenirs aus dem Leben des Kaisers.

 Die jeweiligen Öffnungszeiten finden Sie im Register ab S. 138.

R. Dr F. Del Pellegrino
Avenue du Colonel Colonna d'Ornano
Port Charles d'Ornano L'Amirauté
Jetée du Margonajo
R. St Antoine
R. Ste Lucie
Av. de la Grande Armée
PLACE DE LA GARE
Bd Maglioli
R.M. Bozzi
Napoléon
Av. Bévérini Vico
REISETIPP 1
R. de la Pietrina
Av. Napoléon III
R. Maestroni
Bd Masséria
R. San Lazaro
PLACE ABBATUCCI
R. Bacciochi
R. Frédiani
Bd H. Maillot
Route du Salario
Boulevard Sampiero
Cours
Hôpital
R. J.-B. Marcaggi
Fesch
R. des 3 Marie
Jetée des Capucins
Gare routière
Av. Cunéo d'Ornano
Av. Napoléon II
Saint-Roch
E Palais Fesch
Av. de Verdun
Q. l'Herminier
Palais des Congrès
Av. de la Libération
R. Lorenzo Vero
Cours Napoléon
Cardinal
R. du Roi Jérôme
Sq. Elisa
Q. de la République
Port de Commerce
Av. Impératrice Eugénie
Square Campinchi
R. Sergent Casalonga
R. Général Campi
R. du Général d'Ornano
Préfecture
R. Stephanopoli
Rue Bd
Hôtel de ville
B Port Tino-Rossi
R. G. Florella
D PLACE FOCH
Ancien Grand Hôtel
G QUARTIER DES ÉTRANGERS
R. Pompéani
Cours Grandval
Av. de Paris
R. de la Porta
C Maison Bonaparte
PL. DU GÉNÉRAL DE GAULLE (PL. DES DIAMANTS)
Av. Dr. Ramaroni
Av. E. Macchini
R. du Roi
R. St-Charles
R. Bonaparte
R. des Glacis
Quai Napoléon
Quai de la Citadelle
Ancienne église anglicane
Cours Général Leclerc
R. Rome
R. Campbell
R. Mérimée
Bd P. Rossini
Rossini
R. Forcioli Conti
Bd D. Casanova
VIEILLE VILLE
Plage Saint-François
Bd S. Marcaggi
Bd Lantivy
Villa Matisse
R. G. Péri
Pascal
F Strand-promenade
Cathédrale Notre-Dame-de-la-Miséricorde
Saint-Érasme
A Citadelle
Bd F. Scamaroni
R. Colomba
Bd Adolphe Landry
Boulevard
Plage Miot
MITTELMEER
200 m

AJACCIO

KAISERSTADT

D PLACE FOCH

Hier wird täglich der **Markt von Ajaccio** abgehalten. Der mit Palmen bestandene Platz mündet in die Rue du Cardinal Fesch, wo der Sänger und Schauspieler **Tino Rossi** geboren wurde.

E PALAIS FESCH

52, Rue Cardinal-Fesch | tgl. | Eintritt (Bild unten)

Das Museum besitzt eine hervorragende **Sammlung italienischer Meister**, u. a. Botticelli, Bellini, Tizian und Veronese. Das Erdgeschoss ist **korsischen Künstlern** vorbehalten. Im Innenhof steht die **kaiserliche Kapelle**, in der die Eltern von Napoleon I. beigesetzt wurden. Neben dem Museum befindet sich die 1868 erbaute **Stadtbibliothek** mit ihren 50 000 Bänden.

F STRAND-PROMENADE

Bds Pascal-Rossini und Lantivy

Ajaccio verfügt unterhalb der Zitadelle über einen netten **Stadtstrand**. Auf einem Spaziergang am Meer entlang auf der schönen Promenade gelangt man zur Place Miot.

G QUARTIER DES ÉTRANGERS

Rund um die Cours Granval

Das im 19. Jh. errichtete Viertel beherbergte Ausländer, die zum Überwintern nach Ajaccio kamen, darunter Kaiserin Sisi. 1898 wohnte **Matisse** in der Villa La Rocca (nicht zu besichtigen).

 Die jeweiligen Öffnungszeiten finden Sie im Register ab S. 138.

REISETIPP
1

AJACCIO

TIPPS UNSERES AUTORS

- **Große Auswahl an Adressen, vor allem rund um den alten Hafen**
- **Restaurants sind in Ajaccio sonntags oft geschlossen.**

1 PAPACIONU
Pizzas

»*Tamanta cusi* (riesige) Pizzen, großartiges Essen und malerischer Rahmen, in einer *stretta* (Gasse) in der Altstadt. Unbedingt reservieren!«
16, Rue Saint-Charles | Mo–Sa 19–24 Uhr

2 A NEPITA
Bistro

»Ein Fest für die Sinne. Küchenchef Simon Andrews kreiert ein hochinspiriertes und meisterhaftes *mercatu*-Menü.«
4, Rue San Lazaro | Di 12–14, Mi–Fr 12–14, 19.30–22, Sa 19.30–22 Uhr

3 LE CABANON
Fisch

»Ein Ort für Feinschmecker zwischen Zitadelle und altem Hafen. Der Fisch wird selbst gefangen. Hier wird mit Leidenschaft gekocht.«
4, Bd D. Casanova | Mo–Sa 12–14, 19–21.30 Uhr

4 U CAMPANILE
Lokale Spezialitäten

»Ein schön gedeckter Tisch. Hausgemachte Charcuterie, Tintenfisch aus dem Golf, Kastanien-Tiramisu. Willkommen bei Pascale!«
12, Rue Saint-Charles | Di–Sa 18–24 Uhr

5 LE CHEMIN DES VIGNOBLES
Weinbar

»Nicolas Stromboni kultiviert das Gute und Schöne. Sein Geschäft ist Weinkeller, Weinbar (abends) und Delikatessenladen in einem.«
16, Av. Dr. Noël-Franchini | Di–Sa 10–12, 14.30–19.30 Uhr

REISETIPP
1

GOLF VON AJACCIO

FÜR ERHOLUNGSSUCHENDE

- **Schöne Strände rund um den Golf. An einigen kann es gefährlich werden, z. B. an der Plage d'Agosta (in Porticcio) oder am Capo di Feno.**
- **Im Sommer oft Stau**

A ROUTE DES SANGUINAIRES

Villen und Buchten

Diese Straße schlängelt sich zwischen Stränden und Bächen bis zur **Pointe de la Parata**. Mehrere Bars und Restaurants laden zu einer Pause ein – mit den Füßen im Wasser.

1 CHEZ PECH

Fisch

»Auf dieser Terrasse am Meer bin ich Stammgast. Die Spezialitäten mit Fisch aus dem Golf von Ajaccio suchen ihresgleichen.«

Rte des Sanguinaires | Di–So 10.30–14, 18.30–22.30 Uhr

B POINTE DE LA PARATA UND ÎLES SANGUINAIRES

Parkgebühr

Einer der schönsten Orte Korsikas, als **Grand Site de France** klassifiziert. Die Pointe de la Parata, von einem imposanten **Genueserturm** gekrönt, öffnet den Blick auf die felsigen und zerklüfteten Inseln des Archipels der Sanguinaires. Unfassbare Farben bei Sonnenuntergang! Bootsausflüge, teilweise mit Aperitif, zur Insel Mezzu Mare, der größten der Îles Sanguinaires, z. B. unter www.getyourguide.de.

C PLAGE DE CAPO DI FENO

Unbeaufsichtigte Strände

Kurz vor den Îles Sanguinaires führt eine Straße hinunter zum unbeaufsichtigten Strand von Grand Capo di Feno. Ein **Küstenweg** führt über den Strand von Petit Capo zur Pointe de la Parata.

AKTIVITÄT: TAUCHEN

Route des Sanguinaires

Die Tauchbase **Isula Plongée**, PADI- und FFESSM-zertifiziert, hat geführte Schnorchelausflüge und klassische Tauchgänge für jedes Niveau im Programm. www.isula-plongee.com

 Die jeweiligen Öffnungszeiten finden Sie im Register ab S. 138.

Capo
di Feno
Punta
Pozzo di Borgo
779 m
N 194
REISETIPP
1
D 11B
D 11B
Ajaccio
Ajaccio-
Napoléon-
Bonaparte
C Plage du
Grand Capo
di Feno
A Route des Sanguinaires
D 111
1
Plage du
Petit Capo
di Feno
2 D Porticcio
B Pointe
de la Parata
Golf von Ajaccio
B Îles
Sanguinaires
Isolella
Cruciata
Presqu'île
de l'Isolella
D 55
3 E Plage de
Mare e Sole
D 155
MITTELMEER
F Capo di Muro
D 655
Portigliolo
D 155
Coti-Chiavari
D 55A
D 155
Cap Muro
0
2,5
5 km

GOLF VON AJACCIO

FÜR ERHOLUNGSUCHENDE

D PORTICCIO

Badeort
(Bild unten)

Dieser moderne Badeort hat einige sehr schöne Strände zu bieten, z. B. La Viva und Agosta. Auf der Presqu'Île (Halbinsel) de l'Isolella kann man vorzüglich spazieren gehen.

2 LE CLUB

Porticcio

- Terrasse am Strand, mit Blick über den Golf von Ajaccio.
- All-you-can-eat zur Mittagszeit, sehr günstig.

Plage de La Viva | tgl. (Nov.–März Di geschl.)

AKTIVITÄT: BOOTSAUSFLUG

Porticcio

Nave Va bietet Bootsausflüge in den Golf von Ajaccio und zu den Îles Sanguinaires, Tagestrips nach Bonifacio und Delfinbeobachtung. www.naveva.com

E PLAGE DE MARE E SOLE

Traumstrand (Bild rechts)

Sein kristallklares Wasser und der weiße Sand machen ihn zum **Star des Golfs von Ajaccio**. Auf einer Landzunge wachsen Schirmkiefern. Ein Traum von einem Strand!

3 CALA VERGHIA

Coti-Chiavari

- Schicke Terrasse mit Blick auf den Golf.
- Der Fang des Tages ist immer die beste Wahl!

Coti-Chiavari, 200 m von der Plage de Mare e Sole | Sommer tgl. mittags und abends, sonst Mi–Do mittags geschl.

F CAPO DI MURO

Genueserturm

Am Capo di Muro am Südende des Golfs steht ein Genueserturm, der besichtigt werden kann. Von oben hat man einen grandiosen Blick. Die Gegend ist auch ideal für Wanderungen.

Die jeweiligen Öffnungszeiten finden Sie im Register ab S. 138.

REISETIPP
1

PRUNELLI-TAL

DIE HAUSBERGE VON AJACCIO

- **Zu erreichen über die D27, die in Cauro, 20 km östl. von Ajaccio, beginnt**
- **Die Straße ist teilweise extrem schmal, v.a. in Richtung des Skigebiets Val d'Ese.**

A PONT GÉNOIS DE ZIPITOLI

Abfahrt: Forsthaus Pineta

Ein 15-minütiger Fußweg führt zu dieser eleganten Genueserbrücke (15. Jh.) über den Fluss Ese. Ringsum die See-Kiefern und Buchen des **Waldes von Pineta**. Nehmen Sie Ihre Badesachen mit!

B TRAIN DU MAQUIS

Abfahrt vom Col du Cricheto an der D27 | ca. 1 Std. | kostenpfl.

Mit diesem kleinen Zug erreicht man eine Farm, in der Nustrale-Schweine gehalten werden, und einen Kastanienhain. Fantastische Ausblicke über die Bucht von Ajaccio.

AKTIVITÄT: KAJAK

Lac de Tolla, 10 km von Bastelica

Der schöne Stausee von Tolla auf 500 m Meereshöhe wurde als Freizeitgebiet erschlossen. Auf seinen 5 km² Fläche ist im Sommer Wassersport möglich. Es gibt auch einige Klettersteige.

C BASTELICA

Bergdorf

Das Bergdorf mit Granithäusern verteilt sich auf sechs Weiler. Berühmt sind die **lokalen Wurstwaren** – zum Leidwesen der frei laufenden Schweine in den umliegenden Kastanienhainen.

1 CHEZ PAUL

Bastelica

- Terrasse mit Panoramablick.
- Großartige Küche: korsisches Kalbfleisch, Cannelloni mit *brocciu*, Kastanienmousse.

Stazzona, im oberen Teil von Bastelica | tgl. und ganzjährig

D PLATEAU D'ESE

zu erreichen über das Skigebiet von Val d'Ese

Die Hochebene von Ese ist mit Gras bedeckt und von kuriosen Tümpeln, den **pozzine**, übersät. Die Wanderung, die in das herrliche Pozzi-Tal führt, ist die Mühe wert (4.30 Std. hin und zurück).

 Die jeweiligen Öffnungszeiten finden Sie im Register ab S. 138.

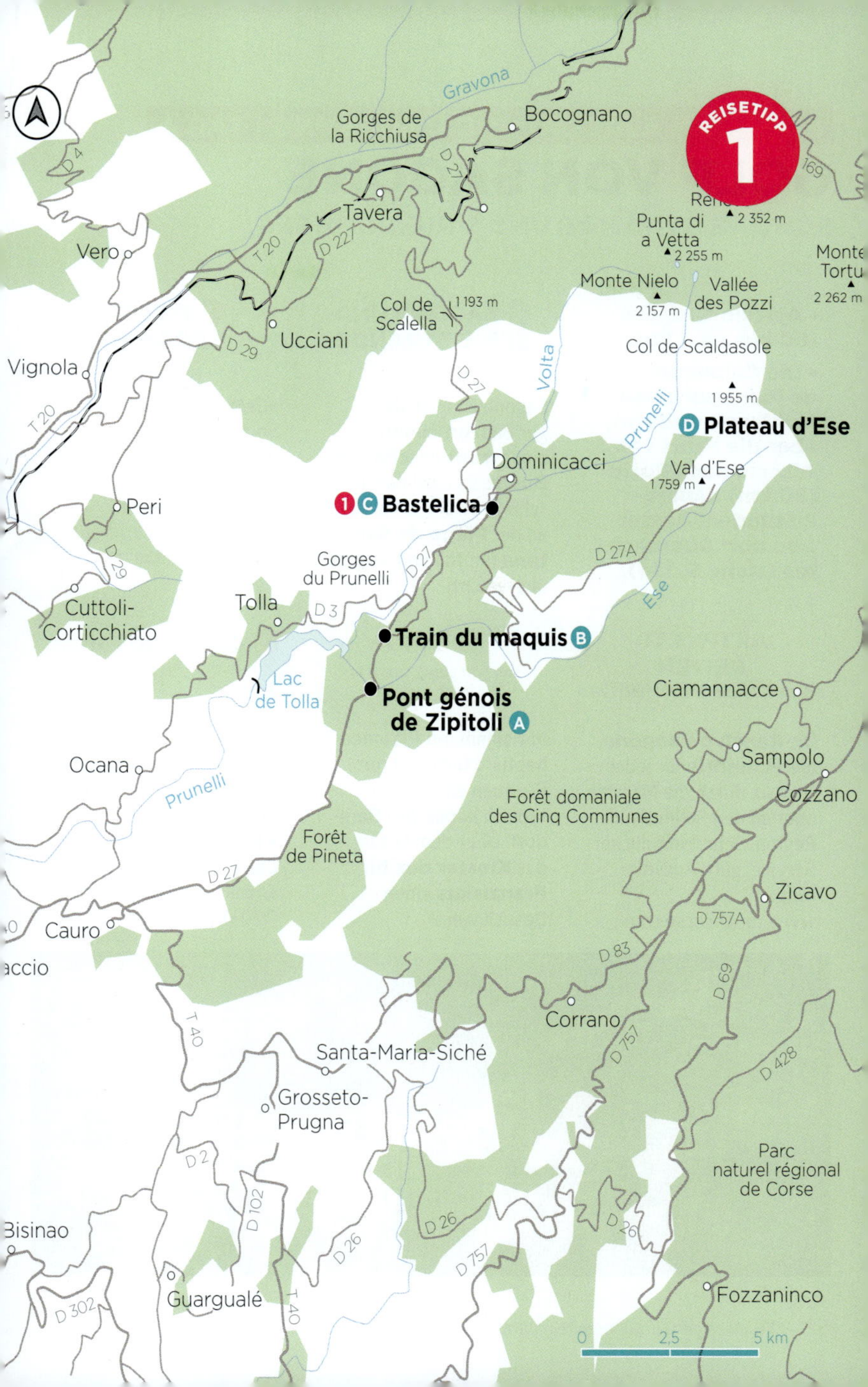

REISETIPP 1
Gravona
Gorges de la Ricchiusa
Bocognano
D 4
D 27
169
Tavera
Vero
T 20
D 227
Punta di a Vetta
2 352 m
2 255 m
Monte Tortu
2 262 m
Monte Nielo
2 157 m
Vallée des Pozzi
Col de Scalella
1 193 m
Ucciani
D 29
Vignola
Col de Scaldasole
1 955 m
Volta
Prunelli
D Plateau d'Ese
Dominicacci
Val d'Ese
1 759 m
1 C Bastelica
Peri
Gorges du Prunelli
D 27A
Ese
Cuttoli-Corticchiato
Tolla
D 3
Train du maquis B
Lac de Tolla
Pont génois de Zipitoli A
Ciamannacce
Sampolo
Cozzano
Ocana
Forêt domaniale des Cinq Communes
Forêt de Pineta
Zicavo
D 757A
Cauro
D 83
D 69
Corrano
T 40
D 757
Santa-Maria-Siché
D 428
Grosseto-Prugna
D 2
Parc naturel régional de Corse
D 102
D 26
Bisinao
Guargualé
D 302
Fozzaninco
0
2,5
5 km

GOLF VON SAGONE

SCHÖNE STRÄNDE UND URIGE DÖRFER

- **Ajaccio-Cargèse (50 km, ca. 1 Std.)**
- **Die Calanques de Piana scheinen nicht weit entfernt, aber die Fahrt von Ajaccio nach Porto (80 km) dauert 2 Stunden! Besser also dort übernachten (siehe S. 134).**

A SAGONE UND SEINE STRÄNDE

Sagone ist ein ruhiger Badeort inmitten einer **wunderschönen Bucht**. Es gibt mehrere schöne Strände: Vorsicht an der **Plage de Santana** (im Juli und August überwacht).

1 PIERRE GERONIMI

Sagone

»*Gelateria* mit Eis und Sorbets, süß oder herzhaft, mit Aromen aus Korsika und anderswo. Zum Dahinschmelzen!«

D81, Résidence de la Plage | April–Okt., tgl. 7.30–19.30 (Sommer 2 Uhr)

AKTIVITÄT: REITEN

Sagone, an der Straße nach Vico

Die **Ranch de Sagone** bietet Ausritte für jedes Niveau, durch die Macchia oder an den Stränden der Region. Sehr freundlicher Service, gute Ausstattung.
www.ranchcorse.com

B VICO

Dorf im Landesinneren (Bild unten)

Mit einem mit Platanen bepflanzten Platz mit Brunnen ist Vico ein typisch korsisches Bergdorf. Über dem Ort ist das **Kloster des hl. Franziskus** einen Besuch wert.

2 CAFÉ NATIONAL

Vico

- Pizza aus dem Holzofen.
- Konzerte und korsische Lieder an allen Freitagen im Sommer.
- Hübsche Terrasse.

Cours Joseph Colonna | Sommer tgl., sonst Mo und Di–Do abends geschl.

 Die jeweiligen Öffnungszeiten finden Sie im Register ab S. 138.

REISETIPP 1
Bardiana
D81
Marine de Girolata
Réserve naturelle de Scandola
Golf von Girolata
619 m
Capo Senino
Col de Vergio
1 477 m
Golf von Porto
Porto
Ota
D124
Porto
Aïtone
D84
Évisa
Forêt d'Aïtone
Tavulella
Calanques de Piana
D84
D24
Marignana
1 294 m
Capo d'Orto
Monica
Piana
D824
Capo Rosso
Renno
Parc naturel régional de Corse
D70
Liamone
Letia
D156
Sulleoni
Plage d'Arone
Revinda
D481
2 B Vico
Murzo
Sagone
C Baden in der Liamone
D Muna
F Plage de Chiuni
Lozzi
Rondolino
D181
Arbori
D56
Punta d'Omigna
F Plage du Péro
Cerasa
D70
3 E Cargèse
Menasina
D81
D56
Coggia
Liamone
Sagone 1 A und seine Strände
D1
Lopigna
Arro
Golf von Sagone
D25
D25
Casaglione
MITTELMEER
Tiuccia
Sari-d'Orcino
D201
D601
D101
Liscia
0
5
10 km

GOLF VON SAGONE

SCHÖNE STRÄNDE UND URIGE DÖRFER

C BADEN IN DER LIAMONE

Kurz hinter Vico in Richtung Murzo sind in der Nähe einer alten Brücke über die Liamone **mehrere schöne Badeplätze** leicht erreichbar. Sehr erfrischend!

D MUNA

Verlassenes Dorf

In märchenhafter Gebirgslandschaft liegt ein seit Jahrzehnten **verlassenes Dorf**; lediglich im Sommer wohnen hier ein paar Menschen. Der Weg dorthin ist schwierig, nehmen Sie sich also Zeit.

E CARGÈSE

Dorf hoch über dem Meer (Bild unten)

In diesem Dorf auf einer Landzunge am Meer stehen eine griechische und eine katholische Kirche Seit an Seit. Die von Gärten gesäumten Kopfsteinpflasterstraßen sind äußerst charmant.

3 ÉPICERIE LECA

Cargèse

- Ein Geschäft mit dem Besten, was Korsika zu bieten hat.
- Es werden Getränke und Snacks serviert.

Rue du Colonel-Fieschi | April–Okt. tgl. 9–23 Uhr, Jan., März, Dez. nur Wochenende

F PLAGES DU PÉRO UND DE CHIUNI

(Bild rechts)

Die lange **Plage de Péro** lädt zum Entspannen ein; weiter nördlich liegt die unbeaufsichtigte **Plage de Chiuni**; auch die **Bucht von Menasina** ist einen Besuch wert.

 Die jeweiligen Öffnungszeiten finden Sie im Register ab S. 138.

REISETIPP
1

TARAVO-TAL

VORGESCHICHTE UND STEINERNE DÖRFER

- **In dieser weniger bekannten Region zwischen Ajaccio und dem Golf von Valinco lernt man das wahre Korsika kennen.**
- **Großartige Zeugnisse der korsischen Vorgeschichte In Filitosa**

A PETRETO-BICCHISANO

Bergdorf (Bild unten)

Im oberen Teil des Dorfes gibt es viele **Brunnen** und **schöne Häuser** aus dem 16. Jh. Unterhalb der Hauptstraße trifft man auf einen schönen **Badeplatz** bei einer **Genueserbrücke**.

B FOCÈ

Neolithische Fundstätte | Eintritt frei

Am Ende eines Weges stößt man auf die Überreste eines Turms mit 12 m Durchmesser, der über 3500 Jahre alt sein soll. **Schöne Aussicht** über das gesamte Taravo-Tal.

C SOLLACARO

Historische Ortschaft

Ein charmantes Dorf, in dem man sich Zeit zum Leben nimmt. Seine hohen Steinhäuser sind nicht ohne Reiz, wie die **Torra d'Istria** mit ihren erhalten gebliebenen Maschikulis.

1 LE FRÈRE

7 km von Sollacaro

»Henri Abbatucci steht am Herd, Jean-Charles liefert den Wein und Jacques das Fleisch seiner Saïnata-Rinder.«
Chiesale, Pont de Calzola, Casalabriva | April–Sept. Mi–Mo mittags und abends

 Die jeweiligen Öffnungszeiten finden Sie im Register ab S. 138.

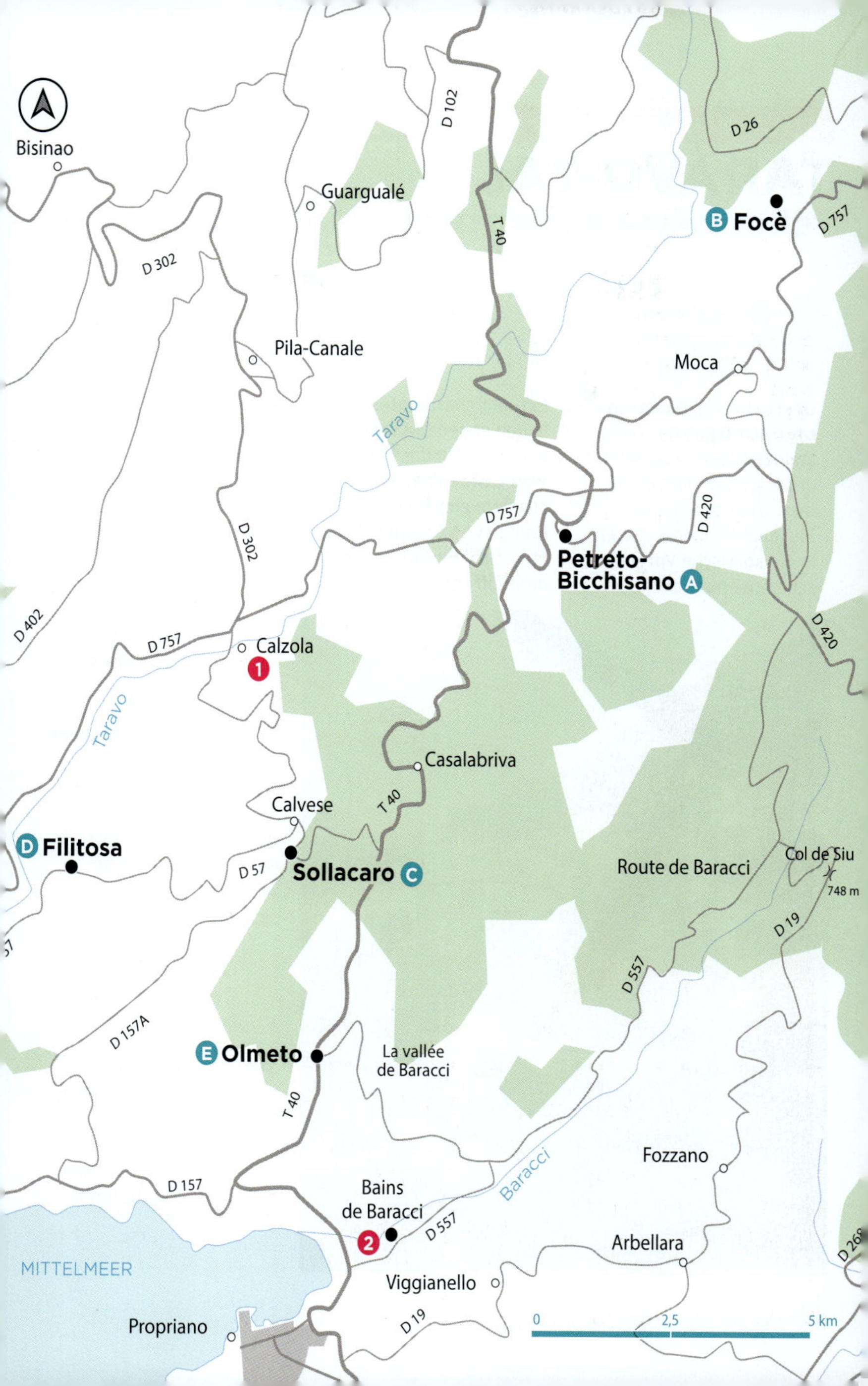

Bisinao
Guargualé
D 102
D 26
B Focè
D 757
D 302
T 40
Pila-Canale
Moca
Taravo
D 757
D 420
D 302
Petreto-Bicchisano A
D 402
D 757
Calzola
1
D 420
Taravo
Casalabriva
Calvese
T 40
D Filitosa
D 57
Sollacaro C
Route de Baracci
Col de Siu
748 m
D 19
D 557
D 157A
E Olmeto
La vallée de Baracci
T 40
Fozzano
D 157
Bains de Baracci
Baracci
2
D 557
Arbellara
MITTELMEER
Viggianello
D 19
Propriano
0
2,5
5 km

TARAVO-TAL

VORGESCHICHTE UND STEINERNE DÖRFER

D FILITOSA

April–Okt. tgl. | Eintritt (Bild rechts)

Überreste von **Statuenmenhiren** aus der Jungsteinzeit stehen verstreut unter wilden Olivenbäumen. In einem kleinen Museum kann man tiefer in die korsische Vorgeschichte eintauchen.

E OLMETO

Bergdorf (Bild unten)

Ein sehr charmantes Dorf. In den engen Gassen befindet sich das **Haus von Colomba**, der Figur aus dem gleichnamigen Roman von Prosper Mérimée. Schöne Aussicht auf den Golf von Valinco.

2 I BAGNI

Route de Baracci

- Ausgezeichnete Grillspezialitäten, z. B. Kalbfleisch am Spieß.
- Schöne Terrasse und herzlicher Service.

Route de Baracci, im Park der Bains de Baracci | Mai–Sept. tgl.

AKTIVITÄT: THERMALBAD

Baracci | Di–So | Eintritt

In den **Bains de Baracci** sprudelt schwefel- und salzhaltiges Wasser mit 38°C aus einer Thermalquelle: In einem Pool und bei verschiedenen Anwendungen kann man es sich gut gehen lassen.

AKTIVITÄT: CANYONING

Baracci, über die T40

Tra I Monti hat halbtägige Canyoning-Touren im Flussbett des Baracci im Programm. Über natürliche Felsrutschen landet man in smaragdgrünen Gumpen!

 Die jeweiligen Öffnungszeiten finden Sie im Register ab S. 138.

REISETIPP
1

GOLF VON VALINCO

STRÄNDE UND BUCHTEN

- **Schöne Strände rund um den Golf**
- **Zahlreiche Wassersportmöglichkeiten, von Segeln bis Tauchen**
- **Möchten Sie das Hinterland von Propriano kennenlernen? Schauen Sie auf S. 64 nach.**

A PROPRIANO

Badeort
(Bild unten)

Ein Badeort mit ruhigem Hafen am Ende des Golfs von Valinco. Zahlreiche Restaurants und touristische Einrichtungen. Besuchen Sie den **cimetière marin**, den Seemannsfriedhof.

1 TERRA COTTA

Propriano

»Ein Grund, um in Propriano eine Pause einzulegen, ist Thomas Duvals Restaurant. Seine Fischgerichte sind ein Gaumen- und Augenschmaus.«
31, Av Napoléon III | in der Saison Mo–Sa

AKTIVITÄT: SEGELN

Propriano

Die offizielle Segelschule **Centre nautique Valinco** richtet sich an Segler aller Niveaus. Spiele für die Kleinen, Optimisten für die 7-bis 10-Jährigen und Katamarane für die Größeren.

B PORTO-POLLO

Badeort

Porto-Pollo an der Mündung des Taravo ist ein **Badeort für Familien**. Wer mag, steigt hinauf ins Dorf **Serra-di-Fero** und genießt von dort den herrlichen Blick über den Golf.

2 U SAN PETRU

Serra-di-Ferro

»Ich sitze gerne auf dieser zwischen den Buchten gelegenen Terrasse. Das Fleisch vom Grill ist unwiderstehlich gut … und günstig.«
Pl. de l'Olivier | tgl. 7–24 Uhr

REISETIPP 1
Taravo
D 55
D 55
D 55
D 402
D 302
D 757
Taravo
Casalabriva
Site préhistorique
de Filitosa
Calvese
D 57
Sollacaro
D 757
3 C Plage de Cupabia
2
D 155
Serra-di-Ferro
Capo Muro
D 57
D 157A
Olmeto
B Porto-Pollo
Abbartello
T 40
D 157
Plage de Scodi Neri
D 557
1 A Propriano
Golf von Valinco
Rizzanese
T 40
D 121
Presqu'île de Campomoro
Portigliolo
Tour de Campomoro
Belvédère
D 221
D 121
D 21
4 D Campomoro
D 21
MITTELMEER
D 48
Calanque de Conca
Tizzano
D 48A
0
2,5
5 km

GOLF VON VALINCO

STRÄNDE UND BUCHTEN

C PLAGE DE CUPABIA

Parken kostenlos (Bild unten)

Ein unbeaufsichtigter Strand mit türkisblauem Wasser und goldenem Sand inmitten der Natur. Das gesamte Gebiet steht unter Naturschutz. Man fühlt sich ein wenig wie im Paradies!

3 ANCURA

Cupabia

- Restaurant in einem Garten mit Blick auf den Strand von Cupabia.
- Perfekt für eine Pizza zwischen zwei Schwimmrunden.

Plage de Cupabia | in der Saison tgl.

D CAMPOMORO

Strand und Genueserturm (Bild rechts)

Der kleine Ort liegt direkt an einem herrlichen Strand am kristallklaren Meer. Ein Fußweg führt zu einem mächtigen Genueserturm, der den Eingang zur Bucht bewacht.

4 U SPUNTINU

Campomoro

- Toller Blick über die Bucht von Campomoro.
- Probieren Sie den Tintenfisch aus dem Holzofen!

Belvédère-Campomoro | April–Okt. tgl. mittags, im Sommer auch abends

AKTIVITÄT: TAUCHEN

Campomoro

Campomoro ist ein idealer Tauchspot. **Torra Plongée** organisiert Tauchausflüge für alle, für Anfänger bis hin zur Erkundung der Tiefen des Golfs von Valinco und darüber hinaus.

 Die jeweiligen Öffnungszeiten finden Sie im Register ab S. 138.

REISETIPP
1

TAGESAUSFLUG

SARTENAIS

HISTORISCHE STÄTTEN UND TRAUMSTRÄNDE

- **Hier stellen wir einige lohnende Ziele im Hinterland von Propriano vor, dem Sartène seinen Namen gab.**
- **Sartène ist 15 km (ca. 20 Min.) von Propriano und 80 km (1.30 Std.) von Ajaccio entfernt.**

A SARTÈNE

Eintritt für Museum

Sartène wirkt mit seinen Granithäusern etwas streng. Schlendern Sie durch die Gassen und entdecken Sie einen **Wachturm** aus dem 16. Jh. Das **prähistorische Museum** ist einen Besuch wert.

B PONT GÉNOIS SPIN'A CAVALLU

Ab Sartène über D69 und D268

Eine der schönsten Brücken Korsikas, erbaut von einem pisanischen Architekten im 13. Jh. (vor 25 Jahren restauriert). Sie überspannt den Fluss Rizzanese, in dem man baden kann.

C MÉGALITHES DE CAURIA

frei zugänglich

Eine megalithische Stätte voller Poesie, auf einem Plateau gelegen. Der **Dolmen de Funtanaccia** ist ebenso beeindruckend wie die in Reihen stehenden **Menhire in Renaju und Stantari**.

D TIZZANO

17 km südl. von Sartène (Bild links)

Ein Dorf am Ende der Welt, mit feinem Sandstrand und einem **charmanten kleinen Hafen**. Ein Weg führt westwärts zum **Leuchtturm von Senetosa**. Vorsicht, hier gibt es kaum Schatten!

1 CHEZ ANTOINE

Tizzano

- Fische und Hummer springen quasi direkt auf den Teller.
- In idyllischer Lage mit Blick auf den Hafen.

Am Hafen von Tizzano | tgl. 8–20 Uhr

E PLAGE DE TRALICETU

2 km nördl. von Tizzano

Lang gezogener, **unbeaufsichtigter Strand**. Wenn man in Richtung Süden geht, kommt man zu einer kleinen, von roten Felsen umrahmten Sandbucht, der **Plage d'Argent**.

F PLAGE DE ROCCAPINA

22 km südl. von Sartène

Für viele Korsikas schönster Strand! Der weiße Sand und das türkisblaue Wasser werden von einem Felsen in Form eines Löwen auf einer Landzunge bewacht. Im Sommer schnell überfüllt.

 Die jeweiligen Öffnungszeiten finden Sie im Register ab S. 138.

D 757
Taravo
Olmeto
D 157
rto Pollo
Propriano
D 19
Golf von Valinco
D 121
T 40
Campomoro
D 69
Zonza
D 268
REISETIPP
1
Levie
Ste-Lucie-
de-Tallano
Carbini
Rizzanese
Parc
naturel régional
de Corse
L'Ospedale
Pont génois
Spin'a Cavallu B
Sartène A
Ortolo
D 59
D 48
Canella
Sotta
D 859
1 D Tizzano
C Mégalithes
de Cauria
E Plage de
Tralicetu
Figari-
Sud-Corse
Chera
T 40
Figari
D 59
F Plage de
Roccapina
T 40
T 10
Plage de
la Tonnara
Bonifacio
MITTELMEER
Plage de
Paraguano
Cap de
Pertusato
0
5
10 km

BONIFACIO UND DER SÜDEN

REISETIPP

2

Was macht den Süden Korsikas so verführerisch? Ist es die Magie von Bonifacio und seiner über dem Mittelmeer thronenden Zitadelle? Sind es die feinsandigen weißen Strände rund um Porto-Vecchio oder die Gipfel und Felsnadeln des Bavella-Massivs im wilden Alta Rocca? Oder ist es doch die Ruhe und Entspannung, die man an den idyllischen Teichen *(étangs)* der flachen Ostküste findet? Sicherlich ein bisschen von all dem!

1 Bonifacio und Umgebung

Einzigartige Zitadelle hoch über dem Meer

2 Porto-Vecchio und seine Strände

Paradiesische Strände

3 Südöstliche Küste

Teiche, Strände und antike Stätten

4 Alta Rocca

Dörfer mit Seele inmitten schroffer Berge

BONIFACIO UND UMGEBUNG

DIE STADT AUF DEM FELSEN

- **Bonifacio ist über eine Landenge mit dem Festland verbunden. Die Zufahrt mit dem Auto ist kompliziert.**
- **Teure, aber gut ausgeschilderte Parkplätze**
- **www.bonifacio.fr**

EIN WENIG GESCHICHTE

Die von Bonifatius II. von Lucca im 9. Jh. gegründete Stadt war **600 Jahre in Genueser Hand**. Bis zu ihrer Angliederung an Frankreich 1769 wurde sie mehrfach befestigt.

A HAFEN UND ZITADELLE

Eintritt für Museum

Im Hafen am Fuß der Zitadelle ankern viele Jachten. Über eine lange Treppe gelangt man in die **Bastion de l'Étenard** mit einem Museum zur Stadtgeschichte und einem schönen Garten.

B BUMMEL DURCH DIE OBERSTADT

Treppe: April–Okt. tgl. | Eintritt

Entdecken Sie die **alten Häuser** in der Rue des Deux-Empereurs, bevor Sie die geheimnisvolle, in den Fels gehauene **Escalier du roi d'Aragon** hinabsteigen. Die Aussicht ist grandios!

C ÉGLISE SAINTE-MARIE-MAJEURE

Diese pisanische Kirche wird von einem **fünfstöckigen Campanile** gekrönt. Im Inneren befindet sich ein kostbarer Tabernakel aus Marmor, gegenüber die prächtige **Maison des Podestà**.

1 DA PASSANO

Bonifacio

»Eine Mischung aus Wein und Tapas-Bar mit korsischen Produkten. Direkt an der Marina, korsischer Gesang als Zugabe.«

53, Quai J. Comparetti | Di–So 10.30–16, 19–22.30 Uhr

2 GLACIER ROCCA SERRA

Bonifacio

- Eis und Sorbets mit korsischen Geschmacksrichtungen: Clementine, Nepita, Kastanienhonig usw.
- Direkt am Hafen.

17, Quai Jérôme-Comparetti | März–Okt. tgl. 7–20 (Juni–Sept. 1 Uhr)

3 L'ARCHIVOLTO

Bonifacio

- Charmantes Restaurant im Trödel-Look in der Oberstadt.
- Einfallsreiche Küche zu akzeptablen Preisen.

2, Rue Archivolto | Mitte April–Mitte Okt. Mo–Sa 19.30–22 Uhr, im Sommer tgl.

4 A SULIATA

An der Straße zum Golf von Sant' Amanza

- Üppige Pizzen oder Lamm vom Holzkohlegrill, beides ausgesprochen lecker!
- Schöne Terrasse mit Blick auf das Meer.

5 km nordöstl. von Bonifacio | Mo–Sa 19.30–23 Uhr

 Die jeweiligen Öffnungszeiten finden Sie im Register ab S. 138.

D 121
T 40
Sartène
Ortolo
Porto-Vecchio
D 59
Reisetipp
2
D 48
Plage de
Palombaggia
Canella
T 40
Sotta
D 859
Tizzano
Plage de
Santa-Giulia
Figari-
Sud-Corse
Serragia
Monacia-
d'Aullène
Chera
T 10
D 59
Figari
Cap
de Roccapina
Plage de
Rondinara
T 40
Punta di
u Cappicciolu
Plage
de Maora
Plage de la Tonnara
Bonifacio 1 2 3 4 A B C D
Plage de
Paraguano
Île Cavallo
Plage du
Petit Spérone F
E Cap de
Pertusato
MITTELMEER
Îles Lavezzi G
Straße von Bonifacio
0
5
10 km
SARDINIEN

BONIFACIO UND UMGEBUNG

DIE STADT AUF DEM FELSEN

D AUSFLUG ZUM COL SAINT-ROCH

Unschwierig

Der Weg beginnt gegenüber der Zitadelle und führt zunächst über einige Stufen. Während man nach oben steigt, öffnen sich rasch **großartige Ausblicke** auf die Stadt und die Felsen.

E CAP DE PERTUSATO

2 Std. hin und zurück ab Bonifacio

Vom südlichsten Punkt Korsikas bietet sich ein **herrlicher Blick** auf Bonifacio und hinüber nach Sardinien. Der Weg beginnt an der Chapelle Saint-Roch (beschildert; bei starkem Wind geschl.).

F PLAGE DU PETIT SPÉRONE

10 km südl. von Bonifacio

Am Strand von Petit Spérone ist man nicht der Einzige, der sein Handtuch hinlegen möchte. Sehr klarer, feiner Sand und spektakulärer Blick auf die Insel Piana. Im Sommer Parkgebühren.

AKTIVITÄT: BOOTSAUSFLUG

SPMB | alle 20 Min. | 1 Std.

Den schönsten Blick auf Bonifacio hat man vom Meer aus! Die Ausflugsboote der **SPMB** verkehren an der Küste entlang zu Höhlen und Stränden. Unterwegs bieten sich großartige Ausblicke.

G AUSFLUG AUF DIE ÎLES LAVEZZI

Mit der Reederei SPMB, Abfahrt am Hafen von Bonifacio: www.spmbonifacio.com | Ticket (Bild rechts)

In der Mitte der Straße von Bonifacio befindet sich ein kleiner Archipel von **Robinson-Inseln**, die Îles Lavezzi mit goldenem Sand und türkisfarbenem Wasser. Der Ausflug führt zur größten der Inseln mit fantastischen Badeplätzen. Vergessen Sie nicht, Maske und Schnorchel einzupacken, ebenso Sonnencreme und Hut, denn die Insel ist unbewohnt. Die Ausflüge sind halb- oder ganztägig möglich.

 Die jeweiligen Öffnungszeiten finden Sie im Register ab S. 138.

REISETIPP
2

PORTO-VECCHIO

UND SEINE STRÄNDE

- **Porto-Vecchio ist eines der teuersten Ziele auf Korsika.**
- **Im Juli und August verkehren Busse zu den Stränden der Umgebung.**
- **www.ot-porto vecchio.com**

Ⓐ PORTO-VECCHIO

Das korsische Saint-Tropez (Bild unten)

Porto-Vecchio liegt am Ende einer herrlichen Bucht und zieht im Sommer viele Touristen an. Im alten Stadtkern gibt es einige interessante Überreste aus der Genueser Zeit.

① A FURANA

Porto-Vecchio

- Kleines Restaurant in der Bastion.
- Toller Blick auf den Hafen.
- Kreative korsische Küche.

Hafen, Rue Borgo | März–Nov. mittags und abends

② GUEST BURGER

Porto-Vecchio

- Originelle und schmackhafte Burger, aber auch tolle Salate und raffinierte Desserts.
- Heller Gastraum und Terrasse.

Campiccicoli | Di–Sa 12–22 Uhr

Ⓑ PLAGE DE SAN-CIPRIANU

Familienstrand

Herrlicher, feinsandiger Strand in einer verträumten Bucht, rückseitig begrenzt von den Étangs d'Arasu. Das ruhige, klare und warme Wasser ist für Kinder ideal. Zahlreiche Strohhütten.

 Die jeweiligen Öffnungszeiten finden Sie im Register ab S. 138.

REISETIPP 2
Sainte-Lucie de Porto-Vecchio
Capu
Lecci
Torraccia
Osu
D 66
D 368
D 59
Carbini
Barrage de l'Ospedale
Forêt de L'Ospedale
Giala
D 559
D 668
D 468
D 248
Castellu d'Araghju
L'Ospedale
D 759
Plage de San-Ciprianu
Parc naturel régional de Corse
Sainte-Trinité
Baie de Stagnolu
Plage de Cala Rossa
Palavesa
D 36
T 10
D 568
Plage de Benedettu
Golf von Porto-Vecchio
Porto-Vecchio
Phare de Chiappa
Bitalza
Muratello
D 159
Pic Covagia
D 659
Arca
Stabiacco
Îles Cerbicale
D 659A
Punta Cerbicale
Porra
Burrivoli
Vacca
Plage de Palombaggia
D 859
Sotta
Precojo
Plage Tamaricciu
Giovanni
D 959
D 459
Plage de Santa-Giulia
D 22
D 522
Oriu-di-Canni
Plage de Porto Novo
Chera
Chiova-d'Asino
Suartone
MITTELMEER
Figari-Sud-Corse
Sainte-Lucie
D 158
Plage de Rondinara
Figari
a Testa
T 40
Ventilègne
Étang de Ventilègne
0
2,5
5 km

PORTO-VECCHIO

UND SEINE STRÄNDE

C PLAGE DE PALOMBAGGIA

Parkgebühr

Der **Star unter Korsikas Stränden**, unterteilt in mehrere Buchten. Allein der Anblick der malerischen Schirmkiefern und des türkisfarbenen Wassers versetzt jeden in Begeisterung.

3 RESTAURANT TERRAMÉA

»Die Produkte und die Art ihrer Zubereitung zeugen von großer Sorgfalt. Super Blick auf den Golf von Porto-Vecchio.«

Route de Palombaggia | im Sommer tgl. abends, im Winter nur am Wochenende

AKTIVITÄT: REITEN

An der Route de Palombaggia

Der Reitstall **A Staffa** hat herrliche Ausritte durch die Macchia und entlang der Strände von Palombaggia im Programm. Für junge Reiter ab drei Jahren. www.astaffa.fr

D PLAGE DE SANTA-GIULIA

Parkgebühr (Bild links)

Die glatten Granitfelsen tun ihr Übriges, um sich wie in einer Lagune auf den Seychellen zu fühlen. An einem sehr fotogenen Steg stehen zahlreiche Wassersportaktivitäten zur Auswahl.

E PLAGE DE RONDINARA

Parkgebühr (Bild rechts)

Seine **kreisrunde Form** macht ihn so einmalig. Hier, wie auch anderswo in der Region, ist der Sand fein und das Wasser klar. Ein nach wie vor fast unberührter Ort, geschützt durch dichte Macchia.

 Die jeweiligen Öffnungszeiten finden Sie im Register ab S. 138.

REISETIPP
2

SÜDÖSTLICHE KÜSTE

TEICHE, STRÄNDE UND ANTIKE STÄTTEN

- **Die Straße entlang der Ostküste ist fast kerzengerade und gut ausgebaut.**
- **Die Strände an diesem Küstenabschnitt sind schön und weniger überlaufen als jene um Porto-Vecchio.**

1 LE ROUF

Sainte-Lucie-de-Porto-Vecchio, an der Plage de Pinarellu

»Genießen Sie hier frischen Fisch und exzellenten Hummer wie vom Deckshaus *(rouf)* eines Segelbootes aus.«

Plage de Pinarellu | ganzjährig tgl. (abends nur in der Nebensaison)

A PLAGE DE FAUTEA

Strand und Turm (Bild unten)

Ein Genueserturm überragt die unter Naturschutz stehende Bucht mit ihrer reichen Artenvielfalt. Dank seiner geschützten Lage ist der Strand für Familien bestens geeignet.

B PLAGE DE CANELLA

Strand

Ein vergleichsweise wenig frequentierter Strand mit vielen Vorzügen: heller Sand und klares Wasser sowieso, dazu viel grüne Vegetation, die sich bis zum Meer erstreckt.

C SOLENZARA

Ein idealer Badeort für alle, die ihre Tage mal am Meer und mal bei Ausflügen in die Berge verbringen möchten. Der lange Strand von **Scaffa Rossa** liegt ganz in der Nähe des Ortskerns.

AKTIVITÄT: TAUCHEN

Solenzara

Der **Club de la Côte des Nacres** bietet Tauchgänge für alle Leistungsklassen und sogar Tauchertaufen. Besonders für erfahrene Diver gibt es viel zu entdecken.

2 A MANDRIA

1 km nördl. von Solenzara

- Rustikales Restaurant in einer ehemaligen Schäferei.
- Bohnen auf korsische Art und Fleisch vom Holzkohlegrill.

1 km von Solenzara an der T 10 | So abends und Mo geschl.

 Die jeweiligen Öffnungszeiten finden Sie im Register ab S. 138.

REISETIPP
2
Venaco
D 143
Pancheraccia
D 14
Corsigliese
T 50
D 16
T 10
Vivario
Tavignano
Tallone
Étang de Diane 3 E
D 43
Saparelle
D 343
Vaccaja
D 443
Aléria
Ghisoni
Pinzalone
Samuleto
Site antique d'Aléria und Musée archéologique Jérôme-Carcopino D
D 69
D 34
Saint-Antoine
D 343
Fiumorbo
Poggio-di-Nazza
2 352 m
Monte Renoso
D 344
T 10
Étang d'Urbino E
D 44
Prunelli-di-Fiumorbo
Ghisonaccia
Col de Verde
1 289 m
Morta
Parc naturel régional de Corse
Pietrapola
D 45
Ania
Étang de Palo
D 69
Ventiseri
D 45
D 757
Cozzano
Chisa
Travo
D 645
Travo
MITTELMEER
Zivaco
Solaro
Monte Malo
1 850 m
Solenzara
Solenzara 2 C
Monte Incudine
2 134 m
D 268
Sari-Solenzara
Tramuta
T 10
D 268
Plage de Canella B
Col de Bavella
1 218 m
Favone
Quenza
Tarco
Zonza
Conca
D 168
T 10
Cavu
Rizzanese
D 268
D 368
Plage de Fautea A
Ste-Lucie-de-Porto-Vecchio
Levie
Pinarellu 1
Osu
Carbini
D 368
T 10
Porto-Vecchio
0
2,5
5 km

SÜDÖSTLICHE KÜSTE

TEICHE, STRÄNDE UND ANTIKE STÄTTEN

D SITE ANTIQUE D'ALÉRIA UND MUSÉE ARCHÉOLOGIQUE JÉRÔME-CARCOPINO

Aléria | im Sommer tgl, sonst So geschl. | Eintritt (Bild unten)

Hoch über der Küste liegt Korsikas wichtigste römische Ausgrabungsstätte. Zu sehen gibt es die Überreste eines Forums, eines Tempels, eines Kapitols sowie von Thermen. Ein Museum in einem alten Genueserturm, das sich über vier Säle erstreckt, rundet den lohnenden Besuch ab. Dort kann man Keramik, Marmor und wertvolle **etruskische Artefakte** bewundern, die in der Toskana gefunden wurden.

AKTIVITÄT: KAJAK

Aléria

Der **Club nautique d'Aléria** bietet Kajakfahrten auf den Teichen und Lagunen der Region an. Eine ideale Möglichkeit, um den enormen Reichtum der lokalen Fauna kennenzulernen.

E ÉTANGS D'URBINO ET DE DIANE

(Bild rechts)

Ein hervorragendes Terrain zur Vogelbeobachtung. Wer mehr an der Verkostung von Austern oder Miesmuscheln interessiert ist, liegt hier ebenfalls goldrichtig.

3 AUX COQUILLAGES DE DIANA

Étang de Diane

- Stelzenrestaurant in idyllischer Umgebung.
- Muscheln, Austern, Seebrassen und Barsche aus dem Teich.

2 km von Aléria an der T10 | tgl. mittags, Fr, Sa und im Sommer auch abends

 Die jeweiligen Öffnungszeiten finden Sie im Register ab S. 138.

REISETIPP
2

ALTA ROCCA

DÖRFER MIT SEELE INMITTEN SCHROFFER BERGE

- **Zonza liegt 40 km (ca. 1 Std.) von Porto-Vecchio entfernt.**
- **Die Touristinfo in Zonza bietet Informationen über das gesamte Massiv.**
- **Tückische Straßen und kaum Tankstellen**

A CASCADES DE PURCARACCIA

1,5 Std. ab Bocca di Larone

Spektakulärer **Badeplatz** mit fünf smaragdgrünen Gumpen. Der Weg dorthin dauert etwa 1.30 Std. und ist nicht ganz einfach (gutes Schuhwerk erforderlich).

B AIGUILLES ET COL DE BAVELLA

Atemberaubendes Panorama

Von Solenzara kommend, ist der Col de Bavella das Tor zur Region Alta Rocca. Es gibt **zahlreiche Wege**, um sich den Felsnadeln zu nähern und den umliegenden Wald zu entdecken.

C ZONZA

Bergdorf mit Aussicht (Bild links)

Von diesem terrassenförmig angelegten Bergdorf aus hat man einen **außergewöhnlichen Blick** auf die Aiguilles de Bavella. Ringsum stehen prächtige hundertjährige Kastanienbäume.

AKTIVITÄT: CANYONING

Zonza

Corsica Madness hat drei Canyoning-Abenteuer mit unterschiedlichen Anforderungen im Programm. Zusätzlich geführte Wanderungen. www.corsicamadness.com

REISETIPP 2
A Cascades de Purcaraccia
B Aiguilles de Bavella
1 899 m
Bavella
B Col de Bavella
1 218 m
Trou de la Bombe
1 483 m
Punta Velaco
D 268
Bucchinera
Massif de Bavella
Chiuvone
Codi
D 69
Jallicu
Parc naturel régional de Corse
Crivìscia
D 420
D Quenza
Aullène
Zerubia
D 420
Sorbollano
Serra-di-Scopamène
C Zonza
D 368
D 69
D 20
Rizzanese
Forêt domaniale de Zonza
rgiaca
Cucuruzzu
San-Gavino-di-Carbini
Zoza
1 033 m
D 268
Sainte-Lucie-de-Tallano 2 3 F
1 Levie
Musée de l'Alta Rocca E
Mela
D 268
Olmiccia
268
D 59
Punta de Finaggia
1 227 m
Carbini
D 368
0
1,5
3 km

ALTA ROCCA

DÖRFER MIT SEELE INMITTEN SCHROFFER BERGE

D QUENZA

Ein Dorf aus Stein

Sämtliche Häuser dieses abgelegenen Ortes wurden aus Granit errichtet. In der Umgebung gibt es viele Wanderwege, wie z. B. den zur **Chapelle Sainte-Marie.**

AKTIVITÄT: REITEN

Quenza

Die Pferde von **Chez Pierrot** tragen ihre Reiter auf die einzigartige Hochebene von Coscione in 1700 m Meereshöhe. Rechnen Sie mit 60–80 € für einen Ausritt von mindestens 1.30 Std.

E MUSÉE DE L'ALTA ROCCA

Levie | im Sommer tgl., sonst Di–Sa

Ein modernes Museum entführt Sie in die Jungsteinzeit. Höhepunkt der Ausstellung ist die **Dame de Bonifacio**, ein weibliches Skelett, das an die 7500 Jahre alt sein soll.

1 LA PERGOLA

Levie

- Terrasse mit Pergola im Herzen des Dorfes.
- Korsische Küche: Canelloni mit *brocciu*, Lammkeule, Kastanienkuchen usw.

Rue Sorba (ggü dem Rathaus) | Mai–Okt. 11.30–15, 19–21.30 Uhr

F SAINTE-LUCIE-DE-TALLANO

(Bild rechts)

Schönes Dorf mit **imposanten Granithäusern**. Man lebt hier hauptsächlich vom Olivenanbau. Das oberhalb des Dorfes gelegene **Kloster des hl. Franziskus** ist einen Besuch wert.

2 SANTA LUCIA

Sainte-Lucie-de-Tallano

- Das Lokal ist sehr schön gelegen, an der Place de l'Orme.
- Schmackhafte Gerichte mit lokalem Bezug wie: Wildschweinragout oder Kastanienflan.

Palazzo | Mo geschl.

3 CAVE À HUILE SANTA LUCIA

Sainte-Lucie-de-Tallano

- Große Auswahl an Olivenölen aus der Region, zertifiziert gemäß AOC Oliu di Corsica.
- Zuvorkommendes Personal in einem stilvollen Gewölbekeller.

Pl. Coletta | April–Sept. tgl.

 Die jeweiligen Öffnungszeiten finden Sie im Register ab S. 138.

REISETIPP
2

BASTIA, SAINT-FLORENT UND CAP CORSE

REISETIPP 3

Bastia mit seiner genuesischen Zitadelle, seinem Hafen und seinen alten Vierteln muss man einfach erlebt haben. Vor seinen Toren offenbart sich am Cap Corse Korsikas ganze Schönheit mit malerischen Buchten und quirligen Häfen. Das Nebbio bietet verträumte Strände, Weinorte und pisanische Kirchen. Die Dörfer der Casinca verstecken sich in grünen Hügeln, und gleich dahinter ragen stolz die Berge Korsikas empor!

1 Bastia

Zitadelle und geschäftiger Hafen

2 Cap Corse Ostküste

Sanfte Küste und unberührte Dörfer

3 Cap Corse Westküste

Malerische Klippen und Häfen

4 Nebbio

Saint-Florent, Weinberge und blaues Meer

Ausflug

Les Agriates

5 Casinca

Abgelegene Dörfer und endlose Strände

Ausflüge

In den korsischen Bergen

BASTIA

SEHENSWERTES

- **Parken Sie auf einem der öffentlichen Parkplätze (Gebühr).**
- **Zugverbindungen nach Calvi (über Ile-Rousse) und Ajaccio (über Corte)**
- **www.bastia-tourisme.com**

EIN WENIG GESCHICHTE

Bastia wurde **von den Genuesern geprägt**, die Ende des 14. Jhs. die Zitadelle errichteten. Sie machten die Stadt zu ihrem Machtzentrum auf Korsika und verliehen ihr italienisches Flair.

A VIEUX PORT (ALTER HAFEN)

Ein schöner Hafen mit hohen, farbenfrohen Häusern und der Barockkirche **Saint-Jean-Baptiste**. Vom **Jardin Romieu** über dem Hafen kann man einen herrlichen Ausblick genießen.

B CITADELLE (TERRA NOVA)

(Bild links)

Hinter den Mauern der Zitadelle sind die Straßen geradlinig angelegt. Verpassen Sie nicht die **vergoldeten Stuckarbeiten** im Oratoire Sainte-Croix und der Cathédrale Sainte-Marie.

AKTIVITÄT: STADTFÜHRUNG

Okt.–April Di | Eintritt | 2.30 Std.

Die Touristinfo von Bastia organisiert unter dem Namen **»Les Légendines«** ungewöhnliche Touren. Mit einem Guide erleben Sie viele Kuriositäten, die Sie sonst sicher nicht entdeckt hätten.

 Die jeweiligen Öffnungszeiten finden Sie im Register ab S. 138.

Bd du Fango
5
CARDO, SAINT-FLORENT, D 81
ROND-POINT LECLERC
Av. du Maréchal Sébastiani
CAP CORSE
Bd Graziani
Av. É. Sari
Hôtel de ville
Chambre de Commerce
Avenue F. Pietri
Nouveau Terminal
REISETIPP 3
R. Gabriel Péri
R. Salicetti
Paoli
4
de Gaulle
Campinchi
Rue du Général Abbatucci
Bd du Général
Bassin Saint-Nicolas
E Place Saint-Nicolas
Bd Montera
Rue Saint François
Ancien couvent Saint-François
Rue Miot
César
Boulevard
R. Napoléon
R. J. Casale
Cours H. Pierangeli
Quai des Martyrs de la Libération
TUNNEL
R. St Roch
Oratoire Saint-Roch
R. Neuve St Roch
Boulevard du Général Giraud
D Terra Vecchia
Oratoire de l'Immaculée-Conception
R. Neuve
Bonelli
PL. DU MARCHÉ
R. des Zéphyrs
MITTELMEER
Théâtre
Sacré-Cœur
PLACE FAVALELLI
Rue
PLACE F. NEUVE
3
PLACE DE L'HOTEL DE VILLE
R. Pino
R. Sisco
R. Mr Rigo
2
R. des Jardins
R. des Terrasses
R. St Jean
Église St-Jean-Baptiste
Quai du 1er Bataillon de Choc
R. Favarelli
Boulevard Paoli
R. de la Marine
A Vieux Port
R. du Chanoine-Bonerandi
R. du Gal de Carbuccia
Quai du Sud
Môle Génois
R. du Pontetto
Quai Albert-Gillio
R. du Chanoine Letteron
R. du Colle
Phare
Jardin Romieu
Bd A. Gaudin
PLACE PRELA
Palais des Gouverneurs
Jetée du Dragon
C Musée de Bastia
TERRA NOVA
Cours du Dr Favale
PLACE DU DONJON
1
R. du Dragon
Citadelle B
Porte Louis XVI
PL. GUASCO
R. St-Michel
R. Notre-Dame
R. de l'Évêché
Oratoire Ste-Croix
PLACE D. VINCETTI
Cathédrale Ste-Marie-de-l'Assomption
PLACE D'ARMES
R. de la Chartreuse
Rue César Vezzani
N 193
100 m
BASTIA-PORETTA
CORTE, PORTO-VECCHIO

BASTIA

SEHENSWERTES

C MUSÉE DE BASTIA

Juli–Aug. tgl., Mai, Juni, Sept. Mo geschl., sonst So, Mo | Eintritt

Das interessante Museum im **ehemaligen Gouverneurspalast** zeigt die Geschichte von Bastia anhand zahlreicher Artefakte, Karten und Gemälde. Dazu immer wieder Wechselausstellungen.

D TERRA VECCHIA

Ville basse (Bild unten)

In diesem alten Viertel gibt es mehrere barocke Gebetshäuser, z. B. das der Unbefleckten Empfängnis (»Immaculée-Conception«). Vor dem Rathaus findet am Wochenende ein lebhafter Markt statt.

E PLACE SAINT-NICOLAS

Ein großer Platz, zum Meer hin offen, mit Palmen bepflanzt und **von Terrassen gesäumt**. Hier ist das ganze Jahr über viel los. Große Statue von Napoleon, im Stil eines römischen Kaisers.

AKTIVITÄT: TAUCHEN

Port Tauga

Das Meer um Bastia ist voller Überraschungen, u. a. liegt hier ein amerikanisches Flugzeugwrack. Der **Club de Plongée Bastiais** kann Ihnen helfen, es zu entdecken. www.plongee-bastia.com

AKTIVITÄT: SEGELN

Plage de Tombolu Biancu in Furiani

Im **Club Nautique Bastiais** unweit des Stadtzentrums kann man alle Arten von Booten mieten, vom Ruderboot bis zum Katamaran. www.clubnautique bastiais.com

 Die jeweiligen Öffnungszeiten finden Sie im Register ab S. 138.

REISETIPP
3
BI D28058

BASTIA

ADRESSEN

- **Unzählige Restaurants mit Außenbereich am alten Hafen (sehr touristisch), aber auch auf den Plätzen im Zentrum**
- **Die meisten Restaurants sind das ganze Jahr über geöffnet.**

1 A CASARELLA

Citadelle

- In der Zitadelle, mit großartigem Blick auf den Hafen und das Meer.
- Landestypische Küche, frischer Fisch.

6, Rue Sainte-Croix | Sommer tgl., sonst So und Mo mittags geschl.

2 LA RHUMERIE

Terra Vecchia

- Schmucke Cocktailbar, gut versteckt an einem Platz hinter dem alten Hafen.
- Nette Terrasse und gute Musik.

Pl. Galetta | Mo–Sa 18–2 Uhr

3 EISDIELE PAOLI GOURMET

Terra Vecchia

»Feigensorbet und Vanilleeis an *cucciole* (ein traditionelles korsisches Gebäck). Hier ist ein nobelpreisverdächtiger *maître glacier* am Werk.«

6, Rue des Terrasses | März–Sept. Mo–Sa 14–19 Uhr

4 CAP CORSE MATTEI

- Weinkeller und Laden des berühmten Aperitifherstellers vom Cap Corse.
- Erstklassige Produkte im passenden Rahmen.

15, Bvd. du Général-de-Gaulle | Juni–Sept. tgl. 10–20, sonst 10–12.30 und 14–19 Uhr

5 LA LITORNE

Im Dörfchen Casevecchie, Ville-di-Pietrabugno

- 3 Min. oberhalb des Zentrums von Bastia, in einem kleinen Dorf.
- Tolle Pizza, frischer Fisch und korsische Wurst.

Gleich oberhalb von Bastia in Ville-di-Pietrabugno | Di–So abends (So auch mittags)

REISETIPP
3

CAP CORSE OSTKÜSTE

SANFTE KÜSTE UND UNBERÜHRTE DÖRFER

- **Es ist möglich, diese Tour an einem Tag zu machen, aber schließlich haben Sie Urlaub. Nehmen Sie sich lieber 2 Tage Zeit.**
- **Bastia–Barcaggio 55 km (ca. 1.30 Std.)**

A ERBALUNGA

Hafen (Bild unten)

Ein hübsches Dorf, das mit den Füßen im Wasser zu stehen scheint. Seinen Hafen mit Genueserturm gab es schon im Mittelalter. In der Bucht kann man sich angenehm abkühlen.

B MACINAGGIO

Hafen, Strände und Sentier des Douaniers

Lebendiger Jachthafen und Ausgangspunkt einer herrlichen Küstenwanderung zum **Strand von Tamarone** und dem **Genueserturm von Santa Maria** (hin und zurück ca. 3 Std.).

1 U PARADISU

Plage de Tamarone, mit dem Auto über eine Piste erreichbar

- Restaurant an einem unberührten Strand.
- Ausgezeichneter Fisch und Hummer, aber auch günstige Pizzen.

Plage de Tamarone | Ende April–Mitte Okt tgl., mittags und abends

C ROGLIANO

Typisches Dorf am Cap Corse

Ein Dorf auf den Höhen des Cap Corse mit schönen Häusern, erbaut von den **»Americani«**, Korsen, die im 19. Jh. nach Amerika auswanderten und mit Taschen voller Geld zurückkehrten.

D PLAGE DE BARCAGGIO

Schöner wilder Strand

Unbeaufsichtigter Strand mit klarem Wasser an der Nordspitze von Korsika. Manchmal trifft man auf friedliche Kühe, die in der Sonne liegen. Der kleine Ort nebenan hat durchaus Charme.

E MOULIN MATTEI

Hoch gelegen und mit Blick auf die Spitze des Cap Corse und das offene Meer, ist eine alte Mühle zum Werbeträger für die berühmte **Aperitifmarke** Cap Corse Mattei geworden.

 Die jeweiligen Öffnungszeiten finden Sie im Register ab S. 138.

Reisetipp 3
Cap Corse
Île de la Giraglia
D Plage de Barcaggio
Barcaggio
Tour Santa Maria
Îles Finocchiarola
Plage de Tamarone 1
E Moulin Mattei
Port de Centuri
Centuri
C Rogliano
Macinaggio B
D 153
D 253
D 80
Luri
D 180
MITTELMEER
CAP CORSE
Canari
Pietracorbara
Canelle
Ogliastro
Sisco
Nonza
D 80
Erbalunga A
D 80
Plage de Farinole
Plage du Loto
Désert des Agriates
Golf von Saint-Florent
Bastia
Patrimonio
D 81
Saint-Florent
D 38
D 264
D 82
Casta
Furiani
0
5
10 km

CAP CORSE WESTKÜSTE

MALERISCHE KLIPPEN UND HÄFEN

- **Die Straßen an der Westküste des Cap Corse sind kurvenreicher und bergiger als im Osten.**
- **Von Bastia aus sind es 70 km (ca. 2 Std.) bis nach Centuri an der Westküste.**

A PLAGE DE FARINOLE

Schöner Sandstrand

Einer der wenigen **Sandstrände** an der Westküste des Cap Corse. An einer Bar werden Snacks und Getränke verkauft ... und dann gleich wieder ab ins Wasser!

B NONZA

Dorf in bemerkenswerter Lage, gekrönt von einem Turm

Das Dorf windet sich um eine Landzunge, die von einem von Pascal Paoli erbauten Turm gekrönt wird. Sehenswert sind die rosafarbene Église Sainte-Julie und der entzückende Platz im Dorfzentrum.

1 LA SASSA

Nonza

- Bar-Restaurant mit grandiosem Blick auf die Küste.
- Gutes Eis und Cocktails.
- In der Saison Konzerte und DJs.

Chemin de la Tour | 15. Mai–15. Okt. tgl. 10–24 Uhr

C OGLIASTRO

Versteckt gelegenes Dorf mit Strand

Das Bergdorf selbst liegt hinter dichter Macchia versteckt an den Hängen, unten ein paar Häuser mit Genueserturm an einem ansehnlichen **Kiesstrand**. Vorsicht, bisweilen gefährliche Wellen!

2 AUBERGE DU CHAT QUI PÊCHE

Canelle, 5 km von Ogliastro

»Die über dem blauen Meer schwebende Terrasse zaubert mir ein Lächeln ins Gesicht. Wie das *capicursina*-Schnitzel mit einer Scheibe *prisuttu*.«

Abro, Canelle | ganzjährig Mo–Sa mittags und abends

D PORT DE CENTURI

Bunter Fischerhafen (Bild rechts)

Dieser kleine Hafen am äußersten Ende des Cap Corse hat sich auf den **Fang von Langusten** spezialisiert. Malerische Gassen mit bunt bemalten Häusern führen zur Mole hinab.

 Die jeweiligen Öffnungszeiten finden Sie im Register ab S. 138.

Cap Corse
Plage de Barcaggio
Île de la Giraglia
REISETIPP 3
Barcaggio
Îles Finocchiarola
D 153
D 253
Moulin Mattei
D 80
D Port de Centuri
Macinaggio
Centuri
Rogliano
Luri
D 180
MITTELMEER
CAP CORSE
Canari
Pietracorbara
2 Canelle
C Ogliastro
Sisco
D 80
1 B Nonza
Erbalunga
D 80
A Plage de Farinole
lage de aleccia
Plage du Loto
Désert des Agriates
Golf von Saint-Florent
Bastia
Patrimonio
D 81
D 264
Saint-Florent
D 38
0
5
10 km
D 82
Casta
Furiani

NEBBIO

SAINT-FLORENT, WEINBERGE UND BLAUES MEER

- **Der Badeort Saint-Florent ist im Sommer sehr beliebt.**
- **Die schönsten Strände der Region befinden sich in Les Agriates (S. 100).**

A PATRIMONIO

Winzerdorf (Bild unten)

Dieses Dorf ist für seine **hervorragenden Weine** bekannt und bietet schöne Ausblicke auf die Berge und das Meer. Die Église Saint-Martin mit ihrem Glockenturm sollte man sich nicht entgehen lassen.

1 DOMAINE ANNETTE LECCIA

Poggio-d'Oletta

- Rot-, Weiß- und Roséweine aus der AOC Patrimonio.
- Süffiger Muscat-du-Cap-Corse.

Morta Piana, Poggio-d'Oletta | Mo–Sa 9–19, So 10–18 Uhr, tel. Anmeldung © 04 95 37 11 35

B SAINT-FLORENT

Badeort

Saint-Florent ist ein lebhafter Badeort mit genuesischer Festung, der auch viele Segler anzieht. Verpassen Sie nicht die **Cathédrale du Nebbio**, ein schönes Beispiel für die pisanische Romanik.

2 LE PETIT CAPORAL

Saint-Florent

- Verlockende Gerichte wie Fischtatar, sautierter Tintenfisch oder zartcremiger Risotto.
- Sehr schöne Lage am Hafen.

Port de plaisance | Feb.–Nov. Mi–Mo mittags und abends

3 LE PASSAGE

Saint-Florent

- José Salge zaubert in diesem Café köstliche Eiskreationen.
- Probieren Sie unter allen Umständen das Canistrelli-Eis!

Pl. des Portes | in der Saison tgl. 6–20 Uhr

AKTIVITÄT: SEEKAJAK

Agriates Kayak am Strand von Roya bietet Entdeckungsreisen mit dem Kajak durch den Golf von Saint-Florent, am Cap Corse und den Agriates an.
www.corsekayak.com

REISETIPP
3
D 80
Centuri
Macinaggio
Luri
D 180
CAP CORSE
Canari
Pietracorbara
Ogliastro
Sisco
MITTELMEER
D 80
Nonza
Erbalunga
D 80
Golf von
St-Florent
A Patrimonio
Bastia
Désert
des Agriates
D 81
2 3 B Saint-Florent
D 238
D 38
Col de
Vezzo
Casta
D 82
Poggio-d'Oletta 1
D 81
T 30
San Griolo
Oletta C
4
Biguglia
NEBBIO
D 62
D 62
T 11
D 5
D 82
Étang
de Biguglia
5 D Saint-Michel
de Murato
Lama
Borgo
Bastia-Poretta
T 301
T 30
Parc
naturel régional
de Corse
T 11
Casamozza
T 20
Golo
0
5
10 km

NEBBIO

SAINT-FLORENT, WEINBERGE UND BLAUES MEER

C OLETTA

Bergdorf (Bild unten)

Ein friedliches Dorf mit wunderschöner Aussicht, das über der Ebene des Nebbio thront. Das **Kloster Saint-François** beeindruckt durch seinen üppigen Barockstil.

4 LE POTAGER DU NEBBIO

Oletta

»Familienrestaurant in 100 % natürlicher Umgebung. Authentische Küche, alles stammt aus dem Bio-Gemüsegarten.«

Piste San Griolo | April–Nov. Di–So, nur nach Voranmeldung

✆ 04 95 60 64 16

D SAINT-MICHEL DE MURATO

Korsikas schönste Kirche!

Pisanische Kirche aus Serpentin (schwarz) und Kalkstein (weiß). Das Kirchenschiff stammt aus dem 12. Jh., daneben steht ein Glockenturm mit Portal. Die Fassade ist mit naiven Motiven geschmückt.

5 FERME-AUBERGE CAMPO DI MONTE

Murato

- In einem hübschen Bauernhof aus dem 17. Jh.
- Korsische Suppe, Zucchinikrapfen, eigenes Kalbfleisch, *fiadone* ...

Route de Rutali | Mai–Mitte Okt. tgl. abends, sonst Fr und Sa abends

AKTIVITÄT: PICKNICK

Murato | ✆ 06 18 00 23 58

A Nebbiulinca führt Sie durch die Kastanienwälder von Murato und lädt Sie anschließend zu einem Schlemmerpicknick in einer Trocknungsanlage für Kastanien ein.

 Die jeweiligen Öffnungszeiten finden Sie im Register ab S. 138.

REISETIPP
3

LES AGRIATES

WÜSTE UND TRAUMHAFTE STRÄNDE

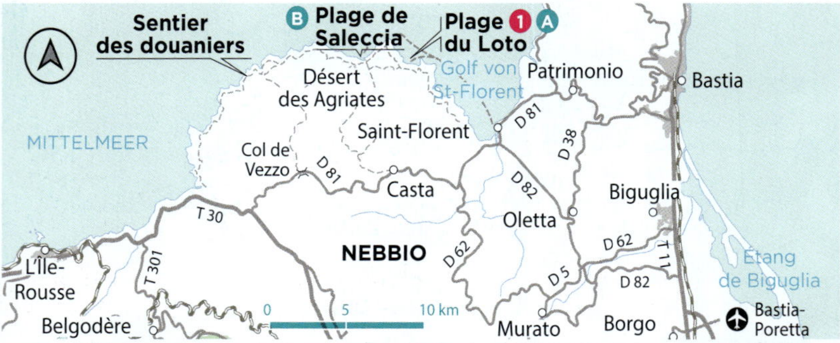

• Die Agriates sind nur per Boot von Saint-Florent (www.lepopeye.com, April–Okt.) oder mit dem Geländewagen von Casta aus erreichbar (auf der D81 zwischen Saint-Florent und Ostriconi, www.saleccia-off-road.com).

• Wie der Name schon sagt, ist die Desert des Agriates ein trockenes Gebiet. Es gibt kein Wasser und kaum Schatten. Im Sommer ist es nicht ratsam, während der heißesten Stunden dort zu wandern.

SENTIER DES DOUANIERS

Der »Zöllnerpfad« beginnt in Saint-Florent und endet am Strand von Ostriconi (S. 130). **Leichter Abschnitt** zwischen Loto und Saleccia (ca. 1 Std.). Vorsicht: weder Wasser noch Schatten!

A PLAGE DU LOTO

Per Boot von Saint-Florent (20 Min.) oder 4x4

Ein **wunderschöner Strand**, der mit dem Boot von Saint-Florent aus oder über den Sentier des douaniers erreichbar ist. Breite Bucht mit flachem, türkisfarbenem Wasser. Im Sommer überfüllt.

1 LA CABANE DU LODU

Plage du Loto

• Mit Robinson-Feeling!
• Einfache, aber leckere Gerichte, zusammengestellt aus erstklassigen frischen Produkten.

Plage du Loto, Santo-Pietru-di-Tenda | April–Okt. tgl. 9.30–19.30 Uhr | keine Karten

B PLAGE DE SALECCIA

Per Boot (20 Min.) oder 4x4

Lange Bucht mit weißem Sand und glasklarem Wasser in wild-spektakulärer Umgebung (Foto). Hier wurde die Landung der Alliierten im Film *Der längste Tag* gedreht.

REISETIPP
3

CASINCA

VERSTECKTE DÖRFER UND ENDLOSE STRÄNDE

- **Vescovato ist von Bastia (30 Min.) oder Saint-Florent (45 Min.) aus leicht zu erreichen.**
- **Schwierig mit öffentlichen Verkehrsmitteln**
- **Lange, unberührte Strände an der gesamten Küste**

A VESCOVATO

Charmante kleine Gassen (Bild unten)

Mittelalterliches Dorf mit hohen Häusern, das auf einem Felsen thront. Hübscher, mit Platanen bestandener Platz. Im Gewirr der Gassen erreicht man irgendwann die Barockkirche **Saint-Martin**.

B PENTA-DI-CASINCA

Steingewordene Schönheit

Lang gestrecktes Dorf, das wie ein Balkon über dem Meer liegt. Die elegante **Église Saint-Michel** mit ihrer barocken Fassade wurde 1760 erbaut. Auf dem Platz sprudelt ein Brunnen.

C LORETO-DI-CASINCA

Bergdorf

Wenn ein Ort den Namen **Adlernest** verdient, dann dieser: Von hier oben reicht der Blick bis nach Elba! Schöner zentraler, von Platanen gesäumter Platz, an dem man auch noch gute Wurst findet.

1 AUBERGE U RATAGHJU

Loreto-di-Casinca

»Reichhaltiges Menü nach *usu corsu* (korsischer Art). In einer ehemaligen Trocknungsanlage für Kastanien.«

Ganzjährig nach Voranmeldung © 04 95 36 30 66

D PLAGES D'ANGHIONE

Unbeaufsichtigte Strände

Die **Strände der Casinca** an der unberührten, wilden Küste sind endlos. Die ruhigen und familienfreundlichen Plages d'Anghione sind von seltenen Wacholderbäumen gesäumt.

E PARC GALEA

Taglio-Isolaccio | 24. April–30. Juni tgl., sonst nur So | Eintritt

Ein botanischer Garten in Gestalt eines Kulturparks, in dem die korsische Fauna und Flora mittels interaktiver Ausstellungen und Filme vorgestellt wird. Die Kinder werden begeistert sein!

REISETIPP 3
Bastia
Patrimonio
aint-Florent
D 81
D 38
D 82
MITTELMEER
Oletta
Biguglia
D 62
T 11
D 82
Étang de Biguglia
D 5
Murato
Bastia-Poretta
Borgo
Casamozza
T 11
Plage Cap Sud
D 37
Torra
D 237
D 337
T 20
Golo
A Vescovato
Querciolo
D 310
orte
D 406
D Plages d'Anghione
1 C Loreto-di-Casinca
D 106
D 6
B Penta-di-Casinca
D 106
Folelli
D 506
D 237
E Parc Galea
D 30
T 10
Morosaglia
0
2,5
5 km
Porto-Vecchio

AUSFLÜGE IN DIE KORSISCHEN BERGE

IM HERZEN DER INSEL DER SCHÖNHEIT

- **40 % der Berglandschaft Korsikas stehen unter Naturschutz.**
- **Kurvenreiche Straßen in der gesamten Gegend, außer auf dem Weg nach Corte. Achten Sie auf streunende Tiere!**

VORSCHLÄGE FÜR AUSFLÜGE INS INNERE VON KORSIKA

- **Tagesausflüge von Bastia aus:**
  Castagniccia, S. 106
  Tal des Golo und des Asco, S. 108
- **Mehrtägige Ausflüge von Corte aus:**
  Corte und Restonica, S. 110
  Niolo und Forêt d'Aïtone, S. 112
- **Im Winter kann es heftig schneien.**

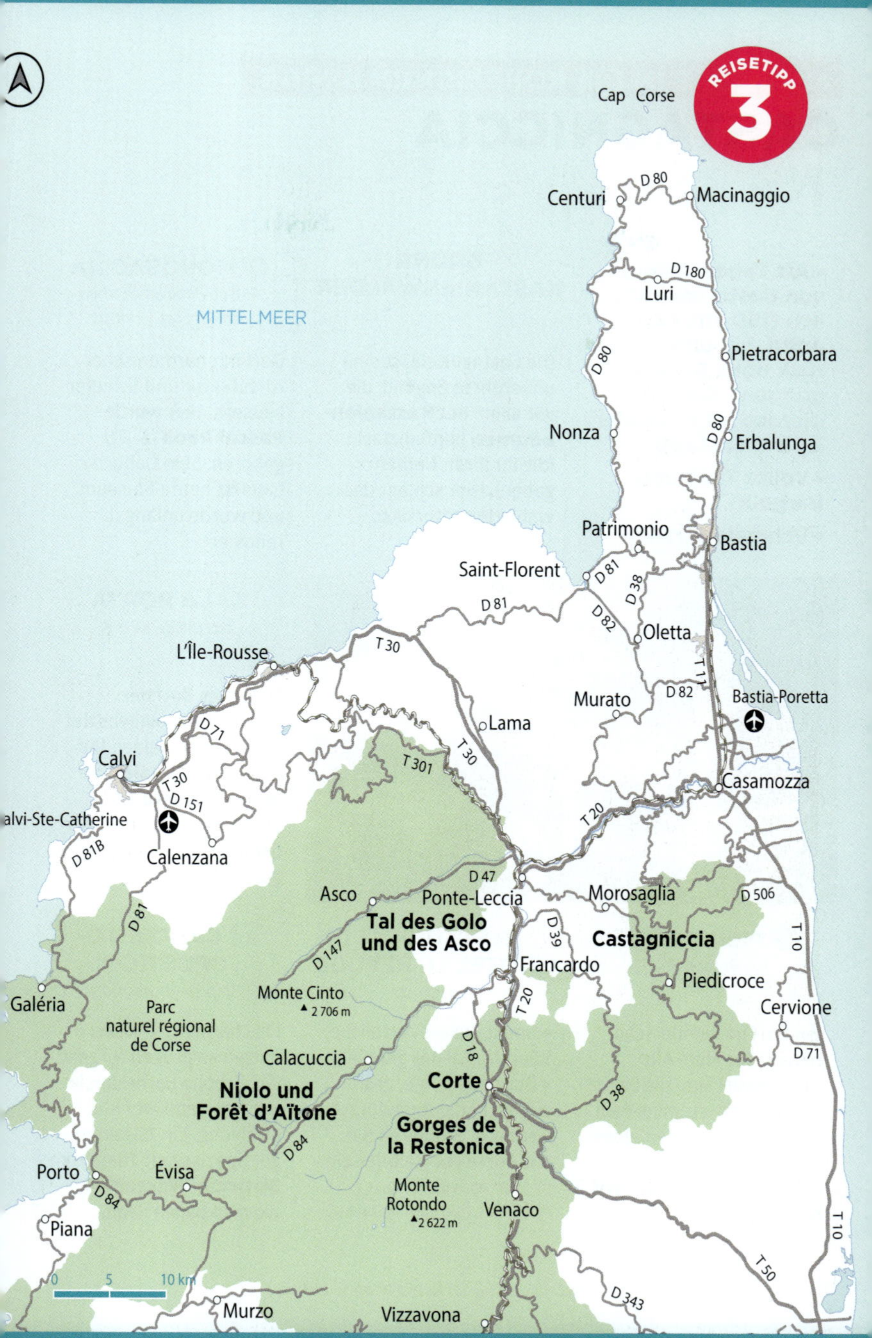

REISETIPP
3
Cap Corse
MITTELMEER
Centuri
D 80
Macinaggio
D 180
Luri
D 80
Pietracorbara
Nonza
D 80
Erbalunga
Patrimonio
Bastia
Saint-Florent
D 81
D 38
D 81
D 82
Oletta
L'Île-Rousse
T 30
T 11
D 82
Murato
Bastia-Poretta
Lama
D 71
Calvi
T 30
T 301
Casamozza
T 30
D 151
alvi-Ste-Catherine
T 20
D 81B
Calenzana
D 47
Asco
Ponte-Leccia
Morosaglia
D 506
Tal des Golo
und des Asco
D 39
Castagniccia
D 81
T 10
D 147
Francardo
Piedicroce
Galéria
Monte Cinto
2 706 m
T 20
Cervione
Parc
naturel régional
de Corse
D 18
D 71
Calacuccia
Corte
Niolo und
Forêt d'Aïtone
D 38
Gorges de
la Restonica
D 84
Porto
Évisa
D 84
Monte
Rotondo
2 622 m
Venaco
Piana
T 10
0
5
10 km
T 50
D 343
Murzo
Vizzavona

CASTAGNICCIA

- **Als Tagesausflug von Bastia aus möglich (150 km, ca. 4 Std. hin und zurück ohne Besichtigungen). Oder Piedicroce als reizvoller Zwischenstopp.**
- **Voller Tank und Bargeld!**
- **Schmale Straßen**

GRÜNE KASTANIENWÄLDER

Die Castagniccia ist eine unberührte Gegend, die vor allem mit **Kastanienbäumen** bepflanzt ist (die ihr ihren Namen gaben). Hier schlägt das wahre Herz Korsikas.

A MOROSAGLIA

Musée Paoli im Örtchen Stretta | tgl. | Eintritt

Dorf mit harmonischer Architektur und Schieferhäusern. Hier wurde **Pascal Paoli** *(S. 21)* geboren. Sein Geburtshaus ist heute Museum und wurde unlängst renoviert.

B LA PORTA

Auffällige Kirche

Typisches Dorf der Castagniccia, eingebettet in Kastanienwälder. Die Barockkirche **Saint-Jean-Baptiste** ist imposant: Ihr 45 m hoher Campanile überragt die ganze Region!

C PIEDICROCE

Bergdorf

Ein Dorf im wunderschönen Tal des Fium'Alto. Sehenswert sind die Église Saint-Pierre-et-Saint-Paul mit ihrer Deckenbemalung sowie die Ruinen des Franziskanerklosters **Couvent d'Orezza**.

1 RESTAURANT DE L'HÔTEL LE REFUGE

Piedicroce

- Spektakuläre Ausblicke über das Tal des Fium'Alto.
- Bodenständige, großzügige und gut gewürzte Gerichte. Probieren Sie das korsische Kalbfleisch!

Im unteren Teil des Dorfes | April–Okt. mittags und abends

D CARCHETO-BRUSTICO

Ursprüngliches Dorf

Ein charmanter Weiler mitten im grünen Nirgendwo. Schöne Barockkirche mit fast rustikaler Ausstrahlung. Ein 15-minütiger Spaziergang führt zum **Struccia-Wasserfall**, wo man baden kann.

REISETIPP 3
Désert des Agriates
Golf von St-Florent
Patrimonio
Bastia
Saint-Florent
D 81
D 38
D 82
Casta
NEBBIO
Oletta
Biguglia
D 62
T 11
D 5
D 82
Étang de Biguglia
Murato
Lama
Borgo
Bastia-Poretta
T 30
Casamozza
Tartagine
Asco
T 20
Golo
D 515
D 15
Penta-di-Casinca
Ponte Novu
D 47
Ponte-Leccia
D 237
D 506
D 71
A Morosaglia
La Porta B
D 39
D 515
D 71
T 10
Francardo
San-Nicolao
1 C Piedicroce
Carcheto-Brustico D
T 20
D 330
Cervione
D 18
Parc naturel régional de Corse
D 71
D 71
Corte
D 38
Gorges de Restonica
0
5
10 km

TAL DES GOLO

UND DES ASCO

- **Als Tagesausflug von Bastia aus möglich (170 km, ca. 4 Std. hin und zurück ohne Besichtigungen)**
- **Voller Tank und Bargeld!**
- **Sehr enge Straße durch das Asco-Tal**

A PONTE-LECCIA

Altes Handelsstädtchen

Der Ort entstand im 17. Jh. an einer **Brücke über den Golo**. In Ponte-Novu ganz in der Nähe fand die letzte Schlacht zwischen den Truppen von Pascal Paoli und den Franzosen statt.

B MOLTIFAO

Dorf am Ende der Welt

Ein abgelegener, von hohen Bergen eingeschlossener Ort. Unübersehbar sind die Ruinen des **Couvent Saint-François-de-Caccia**, die die Natur nach und nach zurückerobert.

C ASCO

Dorf inmitten der Natur (Bild unten)

Das Dorf liegt auf 600 m Höhe am Ende eines engen Tals. Ein einfacher Pfad führt zu einer besonders hübschen **Genueserbrücke**, unter der man im Sommer baden kann.

1 E CIME

Asco

»Mögen Sie gegrilltes Zicklein und Kastanienflan mit Blick auf das Asco-Massiv? Dann sollten Sie diese *cime* (Gipfel) anvisieren!«

Am Ortsausgang | April–Sept. tgl.

D PLATEAU DE STAGNU

Hinauf zu den Gipfeln

Folgt man die Straße über Asco hinaus, erreicht man das **Hochplateau** mit dem Skigebiet Haut-Asco. Im Sommer kann man in der Maison de la montagne viel über das lokale Ökosystem erfahren.

 Die jeweiligen Öffnungszeiten finden Sie im Register ab S. 138.

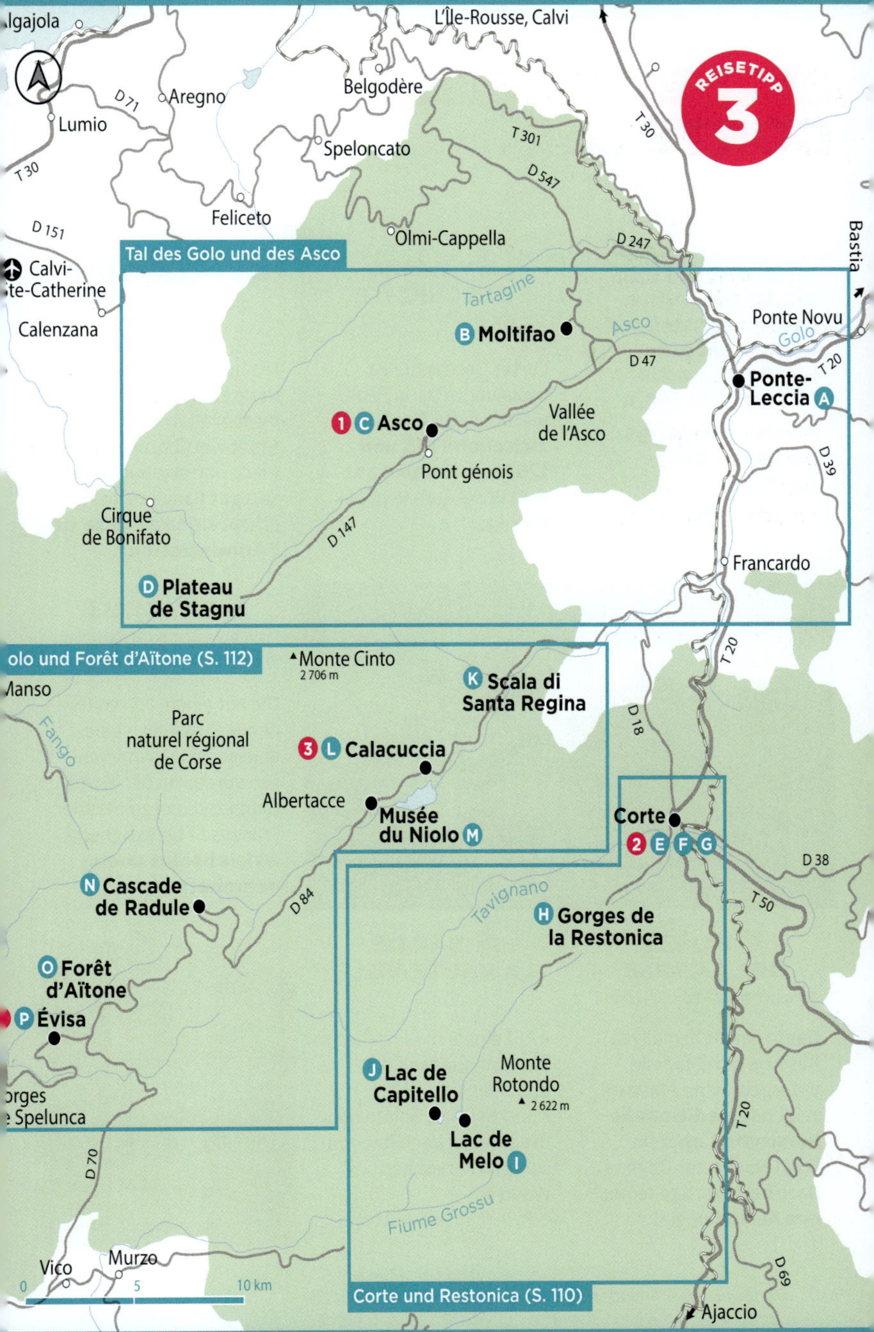
Reisetipp 3
Algajola
L'Île-Rousse, Calvi
Belgodère
Aregno
Lumio
D 71
T 30
Speloncato
T 301
D 547
Feliceto
D 151
Olmi-Cappella
D 247
Bastia
Calvi-Ste-Catherine
Calenzana
Tal des Golo und des Asco
Tartagine
B Moltifao
Asco
Ponte Novu
Golo
D 47
T 20
Ponte-Leccia A
1 C Asco
Vallée de l'Asco
Pont génois
D 39
Cirque de Bonifato
D 147
Francardo
D Plateau de Stagnu
Niolo und Forêt d'Aïtone (S. 112)
Monte Cinto 2 706 m
K Scala di Santa Regina
Manso
Fango
Parc naturel régional de Corse
D 18
3 L Calacuccia
Albertacce
M Musée du Niolo
Corte
2 E F G
D 38
N Cascade de Radule
D 84
Tavignano
T 50
H Gorges de la Restonica
O Forêt d'Aïtone
P Évisa
Gorges de Spelunca
J Lac de Capitello
Monte Rotondo 2 622 m
Lac de Melo I
D 70
T 20
Fiume Grossu
Vico
Murzo
0 5 10 km
D 69
Corte und Restonica (S. 110)
Ajaccio

AUSFLÜGE IN DIE KORSISCHEN BERGE

CORTE …

- **Corte ist per Zug mit Bastia verbunden. Ansonsten auf gut ausgebauter Straße ab Bastia (70 km, 1.10 Std.).**
- **Guter Ausgangspunkt für Bergtouren**
- **Karte auf S. 109**

EIN WENIG GESCHICHTE

Cortes Geschichte ist besonders: Pascal Paoli machte diese Zitadelle **zwischen 1755 und 1768 zur Hauptstadt** der kurzlebigen Republik Korsika.

E VILLE HAUTE (OBERSTADT)

Die hohen, schiefergedeckten Häuser verleihen diesem alten Teil der Stadt viel Charme. An der Place Gaffory, auf der es sich gut flanieren lässt, erhebt sich die **Église de l'Annonciation**.

F ZITADELLE

Über gepflasterte Rampen leicht zu erreichen (Bild links)

Die auf einem Felsen thronende Zitadelle ist die einzige im Inselinneren. Sie wurde von den Korsen, Genuesen und zuletzt den Franzosen befestigt und wirkt **absolut uneinnehmbar**!

G MUSÉE DE LA CORSE

Sommer tgl. 10–20 Uhr | Eintritt

Das in einer ehemaligen Kaserne der Zitadelle untergebrachte Museum zeigt das **traditionelle korsische Leben** in Form Hunderter Objekte. Dazu hochwertige temporäre Ausstellungen.

2 BAR DE LA HAUTE-VILLE

Corte

- Auf einem malerischen Platz am Eingang der Zitadelle.
- Sandwiches, Salate oder Bruschette, begleitet von süffigen korsischen Weinen.

2, Pl. Gaffory | tgl. 8–2 Uhr

... UND RESTONICA

REISETIPP 3

- **Schluchten südwestl. von Corte an der D623**
- **Busse im Sommer (Auskunft im Rathaus oder unter ✆ 04 95 46 22 89)**
- **Kostenlose Parkplätze bei den Bergeries de Grutelle, 15 km von Corte**

H GORGES DE LA RESTONICA

(Bild unten)

Ein reißender Fluss mit erfrischendem Wasser schlängelt sich durch eines der schönsten Täler Korsikas. Zahlreiche **Bademöglichkeiten** entlang dem gesamten Flusslauf.

I LAC DE MELO

Start bei den Bergeries de Grutelle | ca. 1 Std. (Bild oben)

Eine wunderschöne Wanderung führt hinauf zum Lac de Melo auf 1711 m Meereshöhe (mittelschwer, gutes Schuhwerk erforderlich). Beeindruckende **hochalpine Szenerie**!

J LAC DE CAPITELLO

1 Std. zusätzlich vom Lac de Melo

Setzt man die Wanderung vom Lac de Melo aus fort, erreicht man den **Gletschersee** von Capitello, der sich auf 1930 m Höhe befindet. Er ist mehr als acht Monate im Jahr von Eis bedeckt!

AUSFLÜGE IN DIE KORSISCHEN BERGE

NIOLO

UND FORÊT D'AÏTONE

- **Corte–Calacuccia (30 km, ca. 45 Min.) und Corte–Evisa (65 km, ca. 1.40 Std.)**
- **Planen Sie Zeit zum Baden ein!**
- **www.evisa.fr**
- **Karte auf S. 109.**

K SCALA DI SANTA REGINA

Tief in den Granit geschnittene Schlucht, die den eigentlichen Zugang zum Niolo darstellt. Spektakuläre Aussicht auf die Berge bei der **Chapelle Saint-Pancrace**.

L CALACUCCIA

Ein Bergdorf auf 830 m Höhe. Die Umgebung ist von Wegen durchzogen, die dem Verlauf alter **Maultierpfade** folgen. Einige bekannte Käsesorten stammen von hier.

3 RESTAURANT DU LAC

Calacuccia

- Hier landen lokal erzeugte oder gesammelte Produkte auf den Teller (Bergkalb, Kastanien, Pilze usw.).
- Große Terrasse.

Im Dörfchen Sidossi, 2 km von Calacuccia | Mai–Sept. tgl.

M MUSÉE DU NIOLO

Juli/Aug. Mo–Sa, Juni, Sept. Mo–Fr, sonst auf Anfrage | Spende

Dieses Museum der Naturparkverwaltung in Albertacce zeigt viele Objekte aus der Jungsteinzeit. Besonders beeindruckend ist eine **Menhirstatue**, die einen Krieger darstellt.

N CASCADE DE RADULE

1.40 Std. hin und zurück

Eine leichte Wanderung (ab 8 Jahren) führt durch den Pinienwald von Valdo-Niello zu diesem Wasserfall. Folgen Sie vom Col de Vergio der gelben Markierung und dann dem GR® 20.

O FORÊT D'AÏTONE

Parken Sie 1 km vor Évisa an der D84

Einer der **schönsten Wälder Korsikas**! Wenn man vom Vergio-Pass hinabsteigt, kann man seine riesigen Laricio-Kiefern nicht übersehen. Wunderbare **natürliche Becken und Gumpen**.

P ÉVISA

Ein sagenhaft schöner Bergort (Bild rechts)

Ein bezauberndes Bergdorf, das im Sommer von Wanderern fast überrannt wird. Auf einem markierten Lehrpfad können Sie die herrlichen **Kastanienwälder** erkunden.

4 A TRÀMULA

Évisa

- Nur aus der Region: Wurst, Kastanienmehl-Crêpes, Kalbsbraten, Flan mit Zitronatzitronen usw.
- Reichhaltig und preiswert.

Capo Soprano (beim Postamt) | ganzjährig

REISETIPP
3

CALVI UND DER WESTEN

REISETIPP

4

Die Region Balagne im Nordwesten der »Île de Beauté« ist ungeheuer vielfältig. Hier findet man märchenhafte weiße Sandstrände, hochgelegene Dörfer, stolze Zitadellen, tiefe Wälder und sogar schneebedeckte Berggipfel. Etwas weiter südlich liegt der traumhaft schöne Golf von Porto, der von der UNESCO zum Weltkulturerbe erklärt wurde und in dem sich die berühmten Calanques de Piana ausbreiten. Ein Ziel, das Sie unter keinen Umständen auslassen sollten!

1 Calvi

Zitadelle im Herzen einer schönen Bucht

2 Umgebung von Calvi

Dörfer, Strände und Berge!

3 Galéria und das Fango-Tal

Badestellen am Fluss und wilde Küste

4 L'Île-Rousse und Umgebung

Dörfer am Meer und in den Bergen

5 Ostriconi und Giussani

Wilde Küste und unentdecktes Hinterland

Ausflug

Der Golf von Porto und die Calanques de Piana

CALVI

STOLZE ZITADELLE IN MAJESTÄTISCHER BUCHT

- **Mehrere gebührenpflichtige Parkplätze, gratis parken im Pinienwald östl. des Strandes**
- **Zugverbindungen zu Orten an der Küste und nach Bastia (3 Std.)**
- **https://balagne-corsica.com**

EIN WENIG GESCHICHTE

Die Bucht von Calvi war bereits in der Jungsteinzeit besiedelt. Die Genueser, die die Stadt im 13. Jh. in Besitz nahmen, befestigten Calvi und errichteten eine uneinnehmbare Zitadelle.

A CENTRE-VILLE (ZENTRUM)

In den malerische Straßen oberhalb des Hafens steht auch die Barockkirche **Sainte-Marie-Majeure**. In einer kleinen Halle wird täglich ein Markt abgehalten.

B HAFEN

Bootsausflüge: www.calvipromenadeenmer.com

Der **Quai Landry** führt am Hafen entlang bis zu den mächtigen Mauern der Zitadelle. Herrliche Aussicht auf die Bucht und die Berge. In der Saison werden Ausflüge in die Bucht angeboten.

AKTIVITÄT: TAUCHEN

Am Hafen

An der Küste westlich von Calvi gibt es einige außergewöhnliche Tauchspots. Im **Centre de plongée Castille** findet jeder den für ihn geeigneten Tauchausflug. www.plongeecastille.com

 Die jeweiligen Öffnungszeiten finden Sie im Register ab S. 138.

REISETIPP
4
MITTELMEER
F Pointe de la Revellata
Citadelle 4 C
1
2 5 A Centre-ville
Hafen B
Calvi
D 81B
Plage de l'Alga
Strand und Kiefernwald 3 D
T 30
Notre-Dame-de-la-Serra E
T 30
D 81B
0
1
2 km

CALVI

STOLZE ZITADELLE IN MAJESTÄTISCHER BUCHT

C CITADELLE

Zugang von der Place du 1er Bataillon | gratis

Sie hat vielen Belagerungen standgehalten! Beeindruckender Gouverneurspalast, gegenüber die Cathédrale Saint-Jean-Baptiste. Im **Oratoire Saint-Antoine** ist ein Fresko aus dem 16. Jh. zu sehen.

D STRAND UND PINIENWALD

Umfasst die gesamte Bucht

Die Stadt hat einen schönen, **9 km langen Strand**, der mal mehr, mal weniger frequentiert ist. Im östlichen Teil ist es ruhiger. Im Sommer zahlreiche Buden und Snackbars.

E NOTRE-DAME-DE-LA-SERRA

4 km südwestl. v. Calvi (Bild oben)

Diese Kapelle mit der Statue der heiligen Jungfrau aus dem 19. Jh. steht in 216 m Höhe auf einem **Granitvorsprung** und überragt die Bucht von Calvi. Die Aussicht ist einmalig!

F POINTE DE LA REVELLATA

4 km westl. v. Calvi (Bild links)

Eine unberührte Halbinsel, die sich für Spaziergänge anbietet. Zum Planschen wählen Sie die **Plage d'Alga** mit ihrem hellen Sand oder eine der vielen anderen Buchten mit Blick auf Calvi.

 Die jeweiligen Öffnungszeiten finden Sie im Register ab S. 138.

REISETIPP
4

CALVI

ADRESSEN

• An Adressen mangelt es in Calvi nicht. Hier eine Auswahl – garantiert frei von Touristenfallen!

• Im Sommer sind die am Strand installierten Bars praktisch rund um die Uhr geöffnet.

1 LE CHALET DU PORT

Am Hafen

• Unscheinbares Häuschen am Hafen mit Terrasse.
• Pizzas und Gegrilltes zu moderaten Preisen.
45, Quai Adolphe-Landry | tgl. mittags und abends (Nebensaison am Wochenanfang abends geschl.)

2 U CASANU

Im Zentrum

• Lokale Produkte vom Land und aus dem Wasser. Probieren Sie den gebratenen Oktopus!
• Sehr klein, aber sehr gemütlich.
18, Blvd. Wilson | Mo–Sa mittags und abends, Nov., Dez. geschl.

3 LA LICORNE

Am Strand

• Strandlokal mit tollem Blick auf die Zitadelle von Calvi.
• Moderne Fusionküche zwischen Korsika und Asien.
Plage de Calvi | nur Mai–Okt. tgl. mittags und abends

4 CHEZ TAO

In der Zitadelle

• Am »früheren« Abend Livemusik, dann legen DJs bis spät in die Nacht auf.
• Tolle Aussicht von der Terrasse.
Palais des Évêques | Juni–Sept. tgl. 23–5 Uhr

5 CASA VINU

Im Zentrum

• Weinhandlung und -bar, in der es auch Kleinigkeiten zu essen gibt.
• Großartige Auswahl an korsischen Weinen!
15, Blvd. Wilson | Di–Sa 9.30–21 Uhr

REISETIPP
4

UMGEBUNG VON CALVI

UND DER CIRQUE DE BONIFATO

- **Die Küstenorte sind mit dem Zug von Calvi oder l'Île-Rousse aus erreichbar.**
- **Das Hinterland lässt sich gut mit dem Auto erkunden.**
- **https://balagne-corsica.com**

A LUMIO

Bergdorf (Bild unten)

Ein hübsches Dorf in Pastellfarben, das über der Balagneküste thront. Der elegante **Campanile** seiner Barockkirche sticht ins Auge. Von hier aus kann man die gesamte Bucht von Calvi überblicken.

1 LE PAIN DE SUCRE

Zufahrt über eine Piste von der T30, beim Carrefour Contact

- Direkt am Strand mit viel Grün und Blick auf die Bucht von Calvi.
- Extra frischer Fisch und sommerliche Tapas.

Plage de Sainte-Restitude | April–Ende Okt. tgl. 9–24 Uhr

B OCCI

Verlassenes Dorf

Von Lumio erreicht man in einem 30-minütigen Anstieg das **menschenleere Dorf** Occi. Nur die Kirche wurde irgendwann restauriert. Ein Ort voller Poesie, mit Blick über die gesamte Region.

C ALGAJOLA

Mini-Zitadelle und Strand

Algajola mit seiner kleinen genuesischen Festung hat sich zu einem lebhaften Badeort entwickelt. An der hübschen **Plage d'Aregno**, die direkt an den Ort grenzt, fühlen sich vor allem Familien wohl.

2 CASARENA

Algajola

»Willkommen in *vostra casa nantu a rena* (Ihr Haus am Strand), für einen Aperitif oder ein Essen mit Lokalkolorit.«

Plage d'Aregno, an der RN2197 | tgl. mittags, Mi–So auch abends

D CALENZANA

Dorf im Hinterland

Ein Dorf hoch oben in den Bergen im Hinterland von Calvi und Ausgangspunkt für den **GR®20** und den **Mare e Monti Nord**. Hübscher zentraler Platz, der sich zu verwinkelten Gassen hin öffnet.

E FORÊT ET CIRQUE DE BONIFATO

Herrliche Wanderungen

Das perfekte Terrain für eine Wanderung oder ein Bad im Fluss. Auf dem Weg noch oben bieten sich schnell spektakuläre Ausblicke auf den Cirque de Bonifato.

 Die jeweiligen Öffnungszeiten finden Sie im Register ab S. 138.

MITTELMEER
L'Île-Rousse
REISETIPP
4
Corbara
2 C Algajola
Pointe de
la Revellata
Occi B
D 71
Aregno
Lumio A
1
Speloncato
Calvi
T 30
Feliceto
D 151
Calvi-
Ste-Catherine
D 81B
D Calenzana
Figarella
D 81
E Cirque
de Bonifato
E Forêt de
Bonifato
D 147
Parc
naturel régional
de Corse
Monte Cinto
2 706 m
Fango
Manso
D 81
Vallée
du Fango
0
2,5
5 km

GALÉRIA

UND DAS FANGO-TAL

- **Die Straße von Calvi aus ist recht gut ausgebaut. Rechnen Sie mit ca. 40 Min. bis Galéria (32 km).**
- **Achten Sie entlang der ganzen Küste auf gefährliche Wellen und Strömungen.**

A FANGODELTA

Unberührte Natur

Der Fango schlängelt sich sanft durch seinen Unterlauf bis Galéria und bildet dann ein kleines Delta. Dort trifft man auf wunderschöne Landschaften in einem noch sehr wilden Gebiet.

AKTIVITÄT: KANU

Am Nordeingang von Galéria

Mit dem Kanu lässt sich das Fangodelta vorzüglich erkunden. Mit **Delta du Fangu** padelt man durch die ruhigen Wasserarme und begegnet Vögeln, Schildkröten und Libellen. www.delta-du-fangu.com

B GALÉRIA

Dorf am Meer

Ruhiger Badeort an einer **herrlichen Bucht** inmitten rauer Landschaft. Ein **Genueserturm** wacht seit Jahrhunderten über das Dorf.

1 LA CABANE DU PÊCHEUR

Galéria

- Frisch gefangener Fisch, meisterhaft und kreativ zubereitet.
- Üppig dekoriertes Lokal, im Sommer Musikabende.

Am Jachthafen | April–Okt. tgl. 10–18 Uhr

C PONTE-VECCHIU

Genueserbrücke | Parkgebühr

Wunderschöne, 2011 restaurierte **Genueserbrücke**, unter der man auch **baden** kann. Im Sommer ziemlich überfüllt, aber sie ist auch dann einen Besuch wert.

AKTIVITÄT: CANYONING

Agentur in Calvi

Oberhalb des Fango-Tals gibt es zahlreiche Canyoning-Spots. Mit Balagne Montagne Aventure wechselt man zwischen Schwimmen, Springen, Wandern und Baden ab. www.canyoningbalagne.fr

REISETIPP
4
Calvi
Golf von Calvi
T30
Fiume S
D 151
D 451
MITTELMEER
Calvi-Ste-Catherine
Capo a u Cavallo
D 81B
D 81
Calenzana
D 51
Moncale
Suare
Figarella
D 251
Plage d'Argentella
Forêt de Bonifato
Parc naturel régional de Corse
A Fango-delta
Olmo
1 B Galéria
D 351
C Ponte-Vecchiu
Capo Portolicato
408 m
Calca
840 m
Capo Tondo
Vallée du Fango
Forêt de Piriu
Tuarelli
Manso
Punta di a Literniccia
800 m
Bardiana
Monte-Estremo
Fango
Girolata
0
2,5
5 km

L'ÎLE-ROUSSE

UND UMGEBUNG

- **L'Île-Rousse ist von Calvi aus mit dem Zug erreichbar (oder in 30 Min. mit dem Auto).**
- **Kostenlose Parkplätze in der Umgebung, die jedoch schnell belegt sind.**
- **https://balagne-corsica.com**

A L'ÎLE-ROUSSE

Badeort

Die Stadt liegt auf einer Landzunge und wird von einem herrlichen **weißen Sandstrand** gesäumt. Besuchenswert ist die alte Markthalle und der Hauptplatz, wo man sich auf einen Drink niederlässt.

1 BRASSERIE DU PORT

L'Île-Rousse

»Bei ›den Zwillingen‹ schätze ich die hochwertige Küche (Muscheln vom Cap Corse, Pizza mit *ficatellu*) und die Aussicht auf die Halbinsel Pietra.«

Am Jachthafen | tgl. 6–24 Uhr

2 PASQUALE PAOLI

L'Île-Rousse

- Große Terrasse mit Blick auf die Place Paoli und ihre Palmen.
- Regionale Produkte, v. a. bestes korsisches Fleisch.
- Gute Weinkarte.

2 Pl. Paoli | tgl. mittags und abends, Do mittags geschl.

AKTIVITÄT: STAND-UP-PADDLING

Plage de la Gare

Der **Club nautique de l'Île-Rousse** verleiht Bretter und Ruder für Stand-up-Paddling-Ausflüge in der wunderschönen Bucht von l'Île-Rousse. Informationen unter ✆ 04 95 60 22 55.

B HALBINSEL LA PIETRA

5 Min. vom Zentrum (Bild unten)

Vor allem bei Sonnenuntergang hat man von hier einen traumhaften Blick auf L'Île-Rousse und die Bucht. Es gibt auch eine hübsche Bucht zum Abkühlen und einen kleinen **Leuchtturm**.

C PLAGE DE GHJUNCHITU

Parkgebühr

Einer der **schönsten Strände der Balagne** mit türkisfarbenem Wasser und feinem Sand. Im Sommer parkt man gebührenpflichtig inmitten der Olivenhaine an der Straße nach Calvi.

 Die jeweiligen Öffnungszeiten finden Sie im Register ab S. 138.

REISETIPP
4
MITTELMEER
B Halbinsel la Pietra
C Plage de Ghjunchitu
L'Île-Rousse 1 2 A
Corbara D
Algajola
3 E Pigna
D 151
Sant'Antonino 4 F
D 551
D 71
D 71
G Aregno
Lumio
Regino
T 301
Belgodère
D 13
D 71
Speloncato
T 30
D 71
Feliceto
D 151
Calvi-Ste-Catherine
0
2,5
5 km

L'ÎLE-ROUSSE

UND UMGEBUNG

D CORBARA

Typisches Balagne-Dorf

Hübsches Dorf auf halbem Weg nach Calvi auf einem Höhenzug. Bemerkenswert wegen seiner **Église de l'Annonciation** (Verkündigungskirche), die einen barocken Hochaltar birgt.

E PIGNA

Interessantes Künstlerdorf (Bild rechts)

Charmantes Dorf, das von zahlreichen **Kunsthandwerkern** bewohnt wird. Nehmen Sie sich Zeit für einen Spaziergang, bevor Sie sich einen Drink mit Blick auf die gesamte Region gönnen.

3 A CASARELLA

Pigna

- Tapas à la corse und gute Cocktails.
- Die schönste Aussicht über die gesamte Küste der Balagne, die man sich vorstellen kann.

April–Mitte Okt. tgl. 10.30–22.30 Uhr

F SANT'ANTONINO

Mittelalterliches Dorf

Blumengeschmückter Marktflecken, der zu den **Plus Beaux Villages de France** (Schönste Dörfer Frankreichs) gehört. Schöne Wanderungen auf dem umliegenden Plateau (einfach).

4 I SCALINI

Sant'Antonino

- Altes, sehr geschmackvoll eingerichtetes Haus.
- »Sonnige« und schmackhafte Küche.
- Große Terrasse

Im oberen Teil des Dorfes | Mai–Okt. Mi–So

G AREGNO

(Bild unten)

In diesem Dorf steht eine wunderschöne zweifarbige **romanische Kirche im pisanischen Stil** des 12. Jhs. Eigentümliche Figuren an der Fassade und schöne Fresken im Inneren.

 Die jeweiligen Öffnungszeiten finden Sie im Register ab S. 138.

REISETIPP
4

OSTRICONI UND GIUSSANI

GEHEIMTIPP IM GRÜNEN HINTERLAND

- **Zwei wilde Regionen, in denen man viel Authentisches entdecken kann.**
- **Von Calvi aus ist Lama 50 km entfernt (ca. 1 Std.).**
- **Die Straßen in Giussani sind schlecht.**

A PARC PAYSAGER DE SALECCIA

Tgl. (Winter Mo geschl.) | Eintritt

Vor den Toren von L'Île-Rousse befindet sich ein üppiger **botanischer Garten**. Er wurde nach einem Brand neu gepflanzt und weist eine immense Vielfalt an mediterranen Baumarten auf.

B PLAGE DE LOZARI

(Bild unten)

Ein schöner, langer **weißer Sandstrand**, der je nach Abschnitt mehr oder weniger belebt ist, im Westen ist tendeziell weniger los. (Segel-) Bootverleih und familiäre Atmosphäre.

1 PAILLOTTE VAVA'U'

Lozari

- Einfache Strandbar mit umso mehr Flair.
- Einfallsreiche Küche mit unerwarteten Aromen.

Am Strand von Lozari beim Hotel Belambra | Juli/Aug. mittags und abends, April/Juni und Sept. nur mittags

C PLAGE DE L'OSTRICONI

Unbeaufsichtigter Strand

Riesiger, unbeaufsichtigter und von Dünen gesäumter Strand an der Mündung des Flusses Ostriconi. Der **Sentier des Douaniers**, der nach Les Agriates führt *(S. 100)*, kommt hier vorbei.

D LAMA

Abgelegenes Dorf

So hoch in den Bergen trifft man nicht oft auf derart schöne **Architektur**. Der Ortskern stammt aus dem Mittelalter, am Rand stehen Villen im neotoskanischen Stil.

2 L'ALZELLI

Lama

- Im Herzen des charmanten Dorfes Lama, mit einer großen Terrasse.
- Tolle Pizzen.

An der Hauptstraße | Do–Di 10–14, 18–24 Uhr

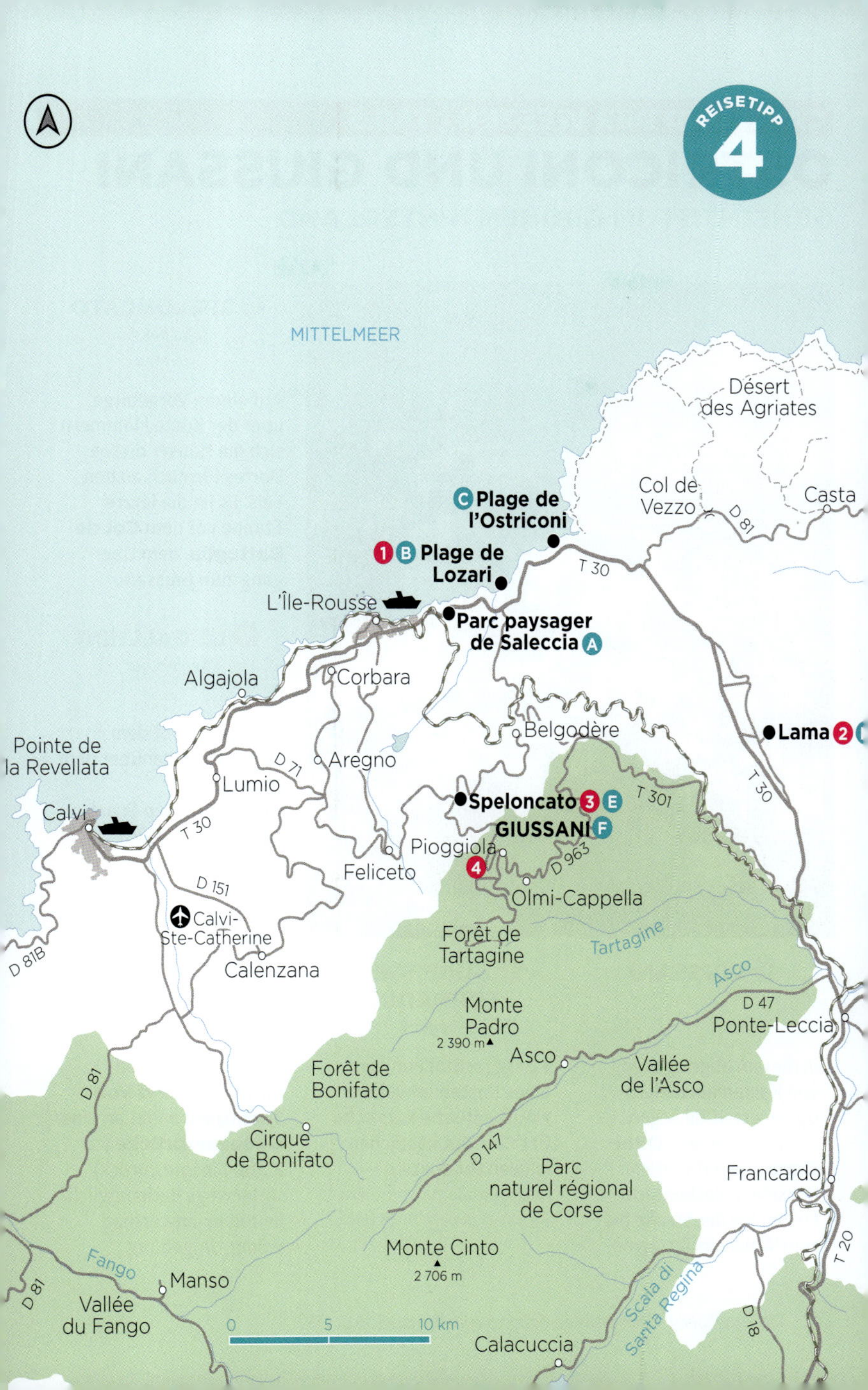

REISETIPP
4
MITTELMEER
Désert des Agriates
Col de Vezzo
Casta
D 81
C Plage de l'Ostriconi
1 B Plage de Lozari
T 30
L'Île-Rousse
Parc paysager de Saleccia A
Algajola
Corbara
Belgodère
Lama 2
Pointe de la Revellata
Aregno
D 71
Lumio
Speloncato 3 E
T 301
Calvi
T 30
GIUSSANI F
Pioggiola
4
D 963
Feliceto
D 151
Olmi-Cappella
Calvi-Ste-Catherine
Forêt de Tartagine
Tartagine
D 81B
Calenzana
Asco
D 47
Monte Padro
2 390 m
Ponte-Leccia
Asco
Vallée de l'Asco
D 81
Forêt de Bonifato
Cirque de Bonifato
D 147
Parc naturel régional de Corse
Francardo
T 20
Fango
Monte Cinto
2 706 m
Manso
D 81
Vallée du Fango
0
5
10 km
Scala di Santa Regina
D 18
Calacuccia

OSTRICONI UND GIUSSANI

GEHEIMTIPP IM GRÜNEN HINTERLAND

E SPELONCATO

(Bild links)

Auf einem Vorgebirge über der Küste klammern sich die Häuser dieses Dorfes förmlich an den Fels. Es ist die letzte Etappe vor dem **Col de Battaglia**, dem Übergang zum Giussani.

3 LE GALLIENI

Speloncato

- Brasserie auf dem Dorfplatz gegenüber dem Brunnen.
- Ideal für einen Snack oder einen Aperitif.

Am Dorfplatz | April–Okt. tgl. 8–23 Uhr

F GIUSSANI

In diesem abgelegenen, von Kastanienwäldern dominierten Tal liegen ruhige Dörfer wie **Olmi-Cappella** mit seinem hübschen Glockenturm. Folgen Sie der Straße bis zum Wald von Tartagine.

4 AUBERGE A TORNADIA

Pioggiola

- Berggasthof inmitten eines Kastanienwaldes.
- Authentische korsische Gerichte mit köstlichen lokalen Produkten.

An der Straße zum Wald von Tartagine | Do–Di 9–24 Uhr

AKTIVITÄT: WANDERN

Ab Parkplatz Tartagine

Dieser schöne Pfad durch den **Wald von Tartagine** endet an einer **Genueserbrücke** (ca. 2 Std. hin und zurück). Unterwegs Bademöglichkeiten in umwerfend wilder Umgebung

 Die jeweiligen Öffnungszeiten finden Sie im Register ab S. 138.

REISETIPP
4

ZWEITÄGIGER AUSFLUG AB CALVI

GOLF VON PORTO

UND CALANQUES DE PIANA

- **Von Calvi aus als Tagesausflug machbar (75 km, 1.45 Std.), aber es ist bequemer, in Porto oder Piana zu übernachten.**
- **Das absolute Muss? Ein Bootsausflug von Porto aus zur Réserve de Scandola, nach Girolata oder zu den Calanques. Auskünfte erteilt die Touristinfo.**
- **Zwischen Porto und Piana schlängelt sich die schmale D81 durch die roten Klippen der Calanques (Parkmöglichkeit am »Tête de Chien«, ca. 4 km vor Piana; schönes Panorama).**
- **Porto ist sehr touristisch (die »menus corses«, die hier angeboten werden, sind nicht immer empfehlenswert).**

A PORTO

Turm tgl. 9–19 Uhr, Eintritt | Touranbieter siehe Register

Von einem **Genueserturm** (schöner Ausblick) und einem Strand (Kies) abgesehen hat Porto selbst nicht viel zu bieten. Aber es ist der Startpunkt für verschiedene Ausflüge in den Golf.

1 LE MOULIN

Porto

- Eine gute Adresse für korsische Spezialitäten.
- Abseits des Zentrums, in ruhiger Lage.

An der Straße nach Evisa, 2 km vom Hafen von Porto entfernt | April–Okt. tgl. mittags und abends

B RÉSERVE DE SCANDOLA

Flaschentauchen verboten

Dieses Naturschutzgebiet beherbergt eine einzigartige Artenvielfalt, sowohl an Land als auch unter Wasser. Ein Ausflug mit dem Elektroboot führt durch **fantastische Landschaften**.

C GIROLATA

4 Std. hin und zurück ab dem Col de la Croix (Bild rechts)

Ein Dorf am Ende der Welt und lange Zeit ein **Piratennest**. Nur per Ausflugsboot oder zu Fuß über einen schwindelerregenden Pfad zu erreichen. Eine genuesische Festung bewacht den Strand.

 Die jeweiligen Öffnungszeiten finden Sie im Register ab S. 138.

REISETIPP
4
D 81
Galéria
D 351
Fango
Vallée du Fango
Mansc
D 81
B Réserve de Scandola
C Girolata
Golf von Girolata
D 81
Col de la Croix
Osani
D 424
Partinello
Parc naturel régional de Corse
MITTELMEER
Golf von Porto
D 81
Porto 1 A
Tour génoise
Ota
D 124
Calanques de Piana
Porto
D 84
D 81
Ficajola
D Gorges de Spelunca
D 824
Piana 2 3 E
F Capo Rosso
4 F Plage d'Arone
D 81
0
2,5
5 km
D 70

ZWEITÄGIGER AUSFLUG AB CALVI

GOLF VON PORTO

UND CALANQUES DE PIANA

D GORGES DE SPELUNCA

Ab Porto in Richtung Évisa

Die Flüsse Aïtone und Porto schlängeln sich durch Felsen und Klippen, bevor sie in den Golf münden. An der hübschen **Genueserbrücke von Pianella** laden zahlreiche Gumpen zum Baden ein.

E PIANA

Enge Straße nach Ficajola

Piana liegt unmittelbar vor der atemberaubenden Kulisse der **Calanques** *(calanche)*, den bizarren roten Granitfelsen und -klippen. Für eine Abkühlung bietet sich die **Plage de Ficajola** (Sand) an.

2 LA VOÛTE

Piana

- Bodenständige Küche: Omelette mit *brocciu*, Lamm aus der Region, Fisch aus dem Golf usw.
- Sehr herzlicher Service.

Gegenüber der Kirche | tgl. mittags und abends, 15. Nov.–15. Dez. geschl.

3 LES ROCHES ROUGES

Piana

- Hotel-Restaurant mit historischer denkmalgeschützter Einrichtung.
- Ideal für einen Sundowner mit Blick auf den Golf von Porto.

An der Straße nach Porto | April–Okt. tgl.

F PLAGE D'ARONE ET CAPO ROSSO

(Bild unten)

12 km von Piana entfernt erstreckt sich der lange Sandstrand von Arone in **idyllischer Umgebung**. Im Norden liegt das majestätische Capo Rosso, das man schon von der Straße aus erblickt.

4 LE CAFÉ DE LA PLAGE

Plage d'Arone

»Schönes Café an der idyllischen Plage d'Arone. Gerichte aus den Bergen und aus dem Meer, freundlicher Service und heiße Lounge-Ecke.«

An der Plage d'Arone | Ende März–Anfg. Nov. tgl. 9–24 Uhr

 Die jeweiligen Öffnungszeiten finden Sie im Register ab S. 138.

REISETIPP
4

REGISTER

T–U

Parc Galéa
Route de l'ex-CNRO | www.parcgalea.com | ✆ 07 78 13 56 70 | Juli und Aug. tgl. 10–19, 24. April–30. Juni und Sept. tgl. 14 (So 11)–19, 4. März–20. April und 1.–28. Okt. So 11–19 Uhr | Kinder bis 5 Jahre frei

V–W

Z

BILDNACHWEIS

Adobe Stock

8, 11, 18 (ol, or, MM, ul), 20 (or), 21 (ol, or), 22 (o, M), 23 (o), 24 (ol, or), 25 (ol, oM, ul), 26 (or, ur), 27 (ol, or, ur), 28 (ol, or, uM, ur), 29 (r), 30 (or, Ml, ul), 32, 33 (o, u), 34 (oM, ul, uM, ur), 39 (or, Ml, MM, Mr, ul, uM, ur), 40 (u), 42, 45, 46, 48 (Ml, ur), 50, 52, 54, 60, 62, 63, 64, 67 (ol, or, ul, ur), 69, 70, 71, 72, 75, 76, 80, 82, 85 (o, MM, ul, uM, ur), 91, 92, 98, 102, 106, 111 (or, ul), 115 (Mr, ul, uM), 118 (o, u), 120 (o, u), 124, 130, 132, 133, 134.

Shutterstock

13, 15, 16, 17, 18 (oM, Ml, Mr, uM, ur), 20 (ol, Ml, ul, ur), 21 (ul, uM, ur), 22 (u), 23 (u), 25 (or), 28 (oM, ul), 29 (l), 30 (ol, oM, MM, Mr, uM, ur), 33 (M), 34 (or), 40 (o), 49, 55, 56, 58, 59, 74, 78, 85 (Ml, Mr), 86, 89, 94, 96, 108, 110 (l, r), 113, 115 (Ml, MM, ur), 116, 119, 121, 126, 136.

Hemis.fr

© Lansard Gilles : 2, 36, 43, 83, 88 ; © Moirenc Camille : 24 (ul, uM, ur), 44, 79, 90 ; © Sudres Jean-Daniel : 25 (uM, ur), 26 (ol, ul) ; © Mallet Jean-François : 26 (oM, uM), 27 (uM) ; © Rieger Bertrand : 37 ; © Mattes René : 99 ; © Montico Lionel : 101 ; © Cavalier Michel : 104 ; © Lemaire Stéphane : 128 ; © Lescouret Jean-Pierre : 129 ; © Brusini Aurélien : 137.

iStock

© BestTravelPhotography : 23 (M) ; © nobtis : 27 (oM) ; © frederique wacquier : 27 (ul) ; © gege2812 : 122.

Die französische Originalausgabe mit dem Titel »Simplissime Corse – le guide de voyage le + pratique du monde« erschien erstmals 2020 bei Hachette Livre (Hachette Tourisme) in Vanves, Frankreich.

Autoren: Jean Tiffon und Pierre Pinelli
Kartografie: Frédéric Clémençon, Aurélie Huot
Grafische Gestaltung des Innenlayouts und des Umschlags sowie Layout: Studio HelloÉlo
Leiter der Buchreihe: Jean-François Mallet

Verantwortlich: Claudia Hohdorf
Übersetzung: Walter Ludwig
Redaktion: booklab
Korrektorat: Ulla Thomsen
Satz: booklab
Repro: LUDWIG:media
Herstellung: Alexander Knoll
Printed in Slovenia by Florjancic

ISBN 978-3-7343-2496-3

★★★★★

Sind Sie mit diesem Titel zufrieden? Dann würden wir uns über Ihre Weiterempfehlung freuen.

Erzählen Sie es im Freundeskreis, berichten Sie Ihrem Buchhändler oder bewerten Sie bei Onlinekauf. Und wenn Sie Kritik, Korrekturen, Aktualisierungen haben, freuen wir uns über Ihre Nachricht an Bruckmann Verlag, Postfach 40 02 09, D-80702 München oder per E-Mail an lektorat@verlagshaus.de

Unser komplettes Programm finden Sie unter www.bruckmann.de

Die Deutsche Nationalbibliothek verzeichnet diese Publikation in der Deutschen Nationalbibliografie; detaillierte bibliografische Daten sind im Internet über http://dnb.d-nb.de abrufbar.